HEYNE
BÜCHER

Jens Corssen
Patricia Riekel

Ab heute ändere ich mich

Problemlösungen in Lebenskrisen

Originalausgabe

**WILHELM HEYNE VERLAG
MÜNCHEN**

HEYNE RATGEBER
08/9203

Copyright © 1989 by Wilhelm Heyne Verlag GmbH & Co. KG, München
Printed in Germany 1989
Umschlaggestaltung: Atelier Ingrid Schütz, München
Satz: VerlagsSatz Kort GmbH, München
Druck und Bindung: Presse-Druck Augsburg

ISBN 3-453-03108-3

Meinen Hörern
von Radio Gong 2000

INHALT

VORWORT 9

EIFERSUCHT 14
Der Kampf um die Macht 23

TRENNUNG 24
Jede Trennung ist ein Neuanfang 41

ENTSCHEIDUNGEN IN LIEBESDINGEN 42
Die beste Entscheidung garantiert noch kein Glück 53

SEXUALITÄT UND FRAUEN 54
Genießen kann nur, wer sich selbst entdeckt 64

SEXUALITÄT UND MÄNNER 66
Sex darf kein Service sein 75

DIE ANGST VOR DER ANGST 76
Die Angst muß Dich nicht ängstigen 85

MINDERWERTIGKEITSKOMPLEXE 86
Wie Du aussiehst, bestimmst Du selbst 95

DEPRESSIONEN 96
Ich bin für meine Trauer verantwortlich 103

AGGRESSIONEN 104
Wer schreit und schlägt, hat Angst 114

PROBLEME IM BERUF 116
Verfolge Dein Ziel, als ob Du es nicht hättest 124

LIEBE 126
Geliebt wird, wer die Liebe in sich trägt 135

PROBLEME MIT DEN ELTERN 136
Wie Kinder ihren Eltern helfen können 146

DURCHSETZUNGSVERMÖGEN 148
Zum Durchsetzen gehört Selbstliebe 158

PRÜFUNGSANGST 160
Zu sich stehen gibt Sicherheit 170

STRESS 172
Den Streß macht man sich selbst 186

EINSAMKEIT 188
Einsamkeit ist nur ein Wort 198

SELBSTVORWÜRFE 200
Sich schuldig fühlen genügt noch nicht! 213

ALKOHOL 214
Wie helfen bei Alkoholproblemen? 220

PARTNERSCHAFT 222
Allein oder lieber zu zweit? 232

FREUNDSCHAFT 234
Ein Königreich für einen Freund 252

VORWORT

Der erste Anrufer war ein Mann, der von seiner Frau betrogen wurde. »Ich habe sie mit einem anderen ertappt«, erzählte er verzweifelt, »was soll ich denn jetzt machen?«

Der zweite Anruf kam von einer Frau, der 28jährigen Inge. »Ich liebe zwei Männer«, gestand sie, »ich kann mich einfach nicht entscheiden.«

Der dritte Anrufer war wieder ein Mann. Empört meinte er, daß die beiden vorangegangenen Gespräche bestimmt bestellt gewesen seien. Er glaubte nicht, daß wildfremde Menschen bei einer Radiostation anrufen, um live über den Äther intimste Partnerschafts- und Eheprobleme auszuplaudern. Wir luden ihn in unsere Sendung ›Sorgentelefon‹ beim Münchner Privatsender ›Radio Gong 2000‹ ein. Ich schlug ihm vor, sich selbst davon zu überzeugen, was da Unglaubliches passierte: Schon während der ersten Sendung im September 1985 riefen Dutzende von Menschen an, die dem Psychologen und Psychotherapeuten Jens Corssen anonym ihre Sorgen und Ängste schildern wollten − und zwar während der Live-Sendung, vor den Ohren einer ganzen Großstadt.

Seitdem laufen jeden Donnerstag zwischen 22 und 23 Uhr die Telefone bei der Rundfunkstation heiß. Jeder, den ein Problem drückt, kann spontan anrufen. Und es werden immer mehr, die dringend Hilfe und Ratschläge suchen. Menschen, die verliebt sind oder sich unverstanden fühlen, betrogen oder alleingelassen worden sind, die heimliche Sehnsüchte und unerfüllte Wünsche mit sich herumtragen, die unter Depressionen und Ängsten leiden, Ärger mit dem Chef oder Krach mit Verwandten haben.

Der jüngste Anrufer bisher: ein achtjähriger Junge, dessen Eltern ausgegangen waren und der sich alleine in der Wohnung fürchtete. Er hatte eine einzige Telefonnummer im Kopf: die Hörernummer von ›Radio Gong 2000‹, die er auch prompt anwählte. Die älteste Anruferin: eine 88jährige Dame, die sich über den Egoismus ihrer 67jährigen Tochter beschwerte. Erstaunlich viele junge Männer wenden sich ans ›Sorgentelefon‹, die sonst Schwierigkeiten haben, über sich zu sprechen und die im Schutz der Anonymität auf einmal über sich und ihre Probleme zu reden beginnen. Frauen jeden Alters bitten um Hilfe, 14jährige, die ihre erste Liebe erleben, und 40jährige, die glauben, die letzte erlebt zu haben. Mütter, die sich um ihre Kinder sorgen und Kinder, die nicht ausstehen können, daß sich die Mütter immer so viele Sorgen machen.

Am Sorgentelefon gibt es keine Tabus: Alkohol und Abhängigkeiten, Einsamkeit und Eifersucht, lesbische Liebe und Lernschwierigkeiten, Gefühlskälte und Generationsprobleme, das sind Themen, um die sich die Gespräche drehen. Gelegentlich gibt es Einwände, wir würden die Seelennöte all dieser Menschen ausnützen für eine Radioshow, die nur die Sensationsgier der Zuhörer befriedigt. Tatsächlich ist das ›Sorgentelefon‹ am Donnerstagabend eine Sendung, bei der die Hörer eine Art Schlüsselloch-Position einnehmen und in ein fremdes Leben hineinlauschen können. Womöglich genießt der eine oder andere dabei tatsächlich das Gefühl, daß glücklicherweise er von all diesen Problemen verschont geblieben ist. Deswegen kommen hier trotzdem nicht nur Seelen-Voyeure auf ihre Kosten.

Die vielen Anrufe – pro Sendung sind es zwischen 60 und 100 – beweisen, daß das ›Sorgentelefon‹ offenbar eine wichtige soziale Funktion erfüllt. An wen soll man sich denn heute wenden, wenn man sein Herz ausschütten möchte oder schnell Rat und Hilfe braucht?

Von den professionellen Helfern unserer Gesellschaft fühlen sich viele enttäuscht. Von Ärzten zum Beispiel, denn sie sollten sich nicht nur um körperliche Wehwehchen kümmern, sondern auch um seelische Leiden. Aber die Mehrheit ist bei psychosomatischen Zusammenhängen aus Zeitmangel überfordert oder schlicht nicht genügend ausgebildet. Sie schicken den Patienten lieber zum Röntgen, als dessen Seele zu durchleuchten.

Beim Psychiater, der klassischen Anlaufstelle bei Seelenproblemen, verspüren die meisten Menschen eine grundsätzliche Barriere, weil das irgendwie mit dem Makel des Verrücktseins behaftet ist. Zum Psychologen geht man nach landläufiger Meinung nicht, wenn man vom Liebsten, sondern höchstens von allen guten Geistern verlassen wurde, also einen echten Tick hat. Außerdem sind Psychologen teuer, können selten über die Krankenkasse abgerechnet werden und haben lange Wartezeiten.

Auch die Kirchen werden immer weniger bei persönlichen Sorgen in Anspruch genommen. Pfarrer und Pastoren gelten — zu Unrecht — oft nicht mehr als kompetent bei der Bewältigung der heutigen Lebensprobleme.

Verwandte und Freunde taugen ebenfalls selten als Berater. Wer hat heute noch Zeit zum Zuhören? Und Menschen, die man näher kennt, sind oft emotional gebunden, raten im eigenen Interesse.

Kein Wunder, daß immer mehr Menschen sich da Hilfe und Rat holen, wo sie auch sonst die meisten Neuigkeiten, Nachrichten, Tips und Ratschläge herbekommen: bei den Medien. Fast alle Zeitschriften und Zeitungen pflegen psychologische Leser-Beratungsdienste, über die sich täglich Waschkörbe von Briefen ergießen.

Da war es naheliegend, einen solchen Beratungsservice auch für den erfolgreichen Münchner Sender ›Radio Gong 2000‹ einzurichten. Die Lebensberatung ohne Tabus avancierte schnell zur beliebtesten Live-Sendung der Stadt. Dabei geht es den Zuhörern nicht nur um das prickelnde

Gefühl, bei intimsten Ohrenbeichten unsichtbar dabei zu sein, sondern auch um die Ratschläge des Psychologen Jens Corssen, die pragmatisch und treffend zugleich sind. So verblüffend simpel scheinen oft seine ›Denkanstöße‹ — und so durchsichtig macht er für seine Zuhörer die Gesetzmäßigkeiten des Lebens. Ein Radio-Guru, der mit beiden Beinen im Leben und im Alltag steht. »Es ist meine tiefste Überzeugung und von diesem Gedanken bin ich beseelt«, erklärt Jens Corssen, »daß das Leben einfacher zu bewältigen ist, als die meisten Menschen es meinen. Ich will ihnen heraushelfen aus ihren selbstinszenierten Dramen und Tragikomödien.«

Wie ein roter Faden zieht sich durch all seine Gespräche die Botschaft, daß Menschen sich unglücklich machen, wenn sie glauben, daß ihr Leid nur durch andere verursacht wird. »Leben Sie nicht das Leben Ihres Mannes, Ihrer Freunde, Ihrer Eltern oder Ihrer Kollegen«, riet er einer 32jährigen Anruferin beim ›Sorgentelefon‹, die über Streß und Krankheiten stöhnte, »bestimmen Sie selbst, wie Sie leben wollen, und leben Sie dann auch danach und Sie werden gesund!«

Der ›Erleuchtungssatz‹ von Jens Corssen lautet: Was ist, ist! Und erst wie ich damit umgehe, bestimmt mein Erleben, meine Gefühle, meine Stimmungen. Seine Philosophie: Nicht die Fakten gestalten unser Leben, sondern unsere Gedanken, die wir dazutun!

Die meisten Menschen stehen unter Selbsthypnose. Sie klagen, daß in ihrem Leben vieles schief läuft; daß sie nicht geliebt werden, keinen Erfolg haben, nicht vorwärtskommen. Ständig liefern sie so ihrem Unterbewußtsein negative Impulse, die dann auch zu negativen Reaktionen führen. Wer sein Leben ändern will, der muß erst sein Bewußtsein ändern. Und das kann — so Jens Corssen — jeder, und zwar sofort und auf der Stelle. In seinen Radio-Gesprächen fordert er selten dazu auf, Verhalten zu ändern, sondern nur die Einstellung zum Verhalten. Seine ungewöhnlich liebevolle und verständnisvolle Beratung drückt sich in dem Abendgebet aus, das er vielen Ratsuchenden immer wieder empfiehlt: Ich verzeihe mir und wünsche mir alles Gute.

Als Psychologe und Psychotherapeut mit 19jähriger Praxiserfahrung lehnt er vergangenheitsbezogene langwierige Ursachenforschung und pädagogisch-moralische Ermahnungen bei seiner Lebenshilfe ab. Er vertritt das mütterlich verstehende und stützende, anstatt das väterlich fordernde, kämpfende Prinzip, das seiner Meinung nach noch viel zu stark die Psycho-Szene beherrscht.

Für seine wachsende Zuhörer-Gemeinde ist er zum Radio-Guru geworden. Er hilft nicht nur, sondern lehrt, wie man hilft. Jeder Zuhörer kann quasi am Modell lernen, wie man mit Ratsuchenden und mit sich selbst am besten umgeht. Er gibt scheinbar Schnellrezepte gegen jede Art von Lebensangst, die aber Langzeitwirkung haben.

Seine interessantesten Radio-Fälle werden hier wiedergegeben — leicht gekürzt und mit Rücksicht auf die Betroffenen mit veränderten Namen. Diese Gesprächsprotokolle, weitgehend so belassen, wie sie im Radio zu hören waren, spiegeln die Intimität und Dringlichkeit dieser Unterhaltungen zwischen Jens Corssen und den Ratsuchenden wider. Teilweise erschütternde Dokumente der Unsicherheit, Ängste, Hemmungen und Zwänge, unter denen so viele Menschen leiden, aber auch Gespräche, die Mut machen, weil Jens Corssen immer wieder zeigt, daß es für jeden einen Ausweg aus seinen häufig selbst gezimmerten Schwierigkeiten und Ohnmachtssituationen gibt: Man muß nur bereit sein, Verantwortung für das eigene Denken und Tun zu übernehmen. Das erzeugt Kraft. Jeder bestimmt selbst, ob für ihn drinnen oder draußen die Hölle oder das Paradies liegt.

Patricia Riekel
(verantwortliche Redakteurin beim ›Sorgentelefon‹)

im Sommer 1988

EIFERSUCHT

**Anruf von Horst U. (27):
Nach sechs Jahren Ehe geht seine Frau fremd.
Wie soll er jetzt reagieren?**

CORSSEN *Sind Sie sicher, daß Ihre Frau ein Verhältnis hat?*

HORST »Ja, ziemlich sicher. Sie ist nie zu Hause, wenn ich abends von der Arbeit komme. Ich gehe dann ins Bett, weil ich morgens früh aufstehen muß. Ich arbeite bei einer Möbelspedition. Meine Frau kommt dann meist erst gegen ein Uhr morgens nach Hause. Oft sogar beschwipst. Und wenn ich mit ihr reden will, weicht sie aus.«

CORSSEN *Das muß Sie ja alles ganz schön schlauchen. Haben Sie Angst, Ihre Frau zu verlieren?*

HORST »Ich mag sie doch trotz allem noch. Und außerdem haben wir einen fünfjährigen Sohn.«

CORSSEN *Aber irgend etwas werden Sie doch einmal zu Ihrer Frau gesagt haben?*

HORST »Wann denn? Sie ist ja nie da. Sie kümmert sich auch nicht mehr ordentlich um den Jungen. Der ist oft ganz alleine in der Wohnung. Und immer sieht es so unordentlich aus. Ich mag gar nicht mehr nach Hause gehen.«

CORSSEN *Glauben Sie, daß Ihre Frau nur augenblicklich verliebt ist oder daß sie sich ganz von Ihnen trennen will?*

HORST »Ich weiß es wirklich nicht. Aber sie verhält sich immer abweisend zu mir. Mich macht das ganz fertig. Ich denke dauernd, wie sie mit einem anderen Mann zusammen ist.«

CORSSEN *Es klingt hart, aber das gibt es natürlich schon, daß man sich in einer Ehe in einen anderen verlieben kann. Deswegen muß die Ehe aber nicht gleich kaputt sein. Ich glaube, Sie können im Moment nichts dagegen unternehmen, wenn Ihre Frau in einen anderen verliebt ist.*

HORST »Soll ich einfach schweigend zusehen, wie meine Frau mich mit einem anderen Mann betrügt?«

CORSSEN *Sie sollen schon mit ihr reden über all das, was Sie bewegt, aber ihr nichts vorwerfen. Machen Sie Ihrer Frau ruhig klar, daß Sie sich Sorgen um Ihr Kind machen. Fragen Sie sie ohne Vorwurf, ob sie es sich nicht so einteilen kann, daß das Kind geborgener und nicht alleine ist. Dann hat Ihre Frau weniger Schuldgefühle. Es kann ja sein, daß Ihre Frau deshalb so spät nach Hause kommt, weil sie mit Ihnen nicht reden will. Wenn sie das Gefühl hat, daß Sie im Moment nicht so genau nachfragen, kann es sein, daß sie früher kommt. Das wäre auch für den Jungen gut.*

HORST »Darf ich fragen, was Sie in meiner Situation tun würden?«

CORSSEN *Das ist ein bißchen schwierig, weil ich eine andere Vorstellung von Liebe und Ehe habe. Ich glaube, daß es gut ist, wenn man nicht um Liebe mit Druck kämpft. Daß man nicht sagt: Du mußt mich jetzt lieben. Wenn sich meine Frau in einen anderen verlieben würde, würde ich versuchen, Verständnis zu zeigen. Wichtig ist, daß Sie jetzt nicht in eine Jammerrolle fallen oder den moralisch Entrüsteten spielen. Das verschärft nur die Situation. Reden Sie mit ihr darüber, daß es immer vorkommen kann, daß man sich in einen anderen verliebt, daß Ihnen das aber umgekehrt auch passieren kann.*

HORST »Soll ich mir jetzt also auch ein Verhältnis suchen?«

CORSSEN *Nein, aber Sie müssen auch nicht deprimiert zu Hause herumhocken. Dann sind Sie der Hampelmann und wirken wenig attraktiv. Treffen Sie mit Ihrer Frau ein Arrangement: An drei Tagen in der Woche können Sie ausgehen, an drei anderen Tagen Ihre Frau. Abwechselnd bleiben Sie also bei Ihrem Kind. Wenn Sie sich jetzt gelassen geben, wird Ihre Frau weniger Angst vor Ihnen haben. Und das scheint mir momentan das größte Problem in Ihrer Ehe zu sein. Wenn die Liebe Ihrer Frau erloschen ist, schadet es Ihnen, wenn Sie sich trotzig dagegen wehren.*

**Anruf von Dagmar K. (37):
Sie versteht nicht,
warum ihr Mann
nach drei Jahren Ehe
billige Abenteuer in Bars sucht.
Sie ist so verzweifelt,
daß sie sich scheiden lassen will**

CORSSEN *Wie geht Ihr Mann fremd?*

DAGMAR »Er hat zwar keine feste Freundin, aber er sucht sich immer wieder ein billiges Abenteuer. Er geht oft in zwielichtige Bars, die in der Bahnhofsgegend sind. Ich weiß das genau, weil ich in seiner Jackentasche einmal eine Rechnung von so einem Schuppen fand.«

CORSSEN *Und haben Sie Ihren Mann deswegen zur Rede gestellt?*

DAGMAR »Klar, das konnte ich mir nicht verkneifen. Er hat auch gleich alles zugegeben. Ich war wie vor den Kopf geschlagen.«

CORSSEN *Haben Sie ihm Vorwürfe gemacht?*

DAGMAR »Daß ich ihn nicht gelobt habe, können Sie sich ja bestimmt vorstellen.«

CORSSEN *Wie reagierte Ihr Mann auf die Vorwürfe?*

DAGMAR »Er beteuerte, daß er mich liebt. Ihm geht es vermutlich nur um schnellen Sex.«

CORSSEN *Könnte es sein, daß Sie ihm im Bett nicht mehr genügen?*

DAGMAR »Ja, wahrscheinlich, weil ich verschiedene Dinge in dieser Beziehung nicht mag. Jetzt holt er sich das bei anderen Frauen.«

CORSSEN *Aus meiner Eheberatung weiß ich, daß die Seitensprünge häufig nicht damit zusammenhängen, daß die eigene Frau nicht mehr attraktiv ist oder daß man sie nicht mehr mag. Manchmal ist es einfach nur der Reiz des Neuen.*

DAGMAR »Kein besonderer Trost. Ich ertrag's trotzdem nicht, daß er mit anderen Frauen zusammen ist.«

CORSSEN *Haben Sie ihm schon mal Konsequenzen angedroht?*

DAGMAR »Ich hab' es ihn schon spüren lassen.«

CORSSEN *Schlafen Sie denn noch mit ihm?*

DAGMAR »Ja, aber vielleicht nicht mehr so oft wie am Anfang unserer Ehe. Ich habe auch ehrlich gesagt in dieser Situation weniger Lust. Andererseits will ich nicht immer nein sagen, weil ich ihn sonst ganz verliere.«

CORSSEN *Sie sollen nur mit ihm schlafen, wenn Sie Lust haben. Denn durch Sexualität können Sie ihn jetzt nicht halten.*

DAGMAR »Ich habe gedacht, daß das wichtig für ihn ist.«

CORSSEN *Die Sexualität holt er sich doch zur Zeit woanders. Und ich glaube, daß dies sowieso nicht das Wichtigste in Ihrer Beziehung ist.*

DAGMAR »Er sagt immer, daß er mich liebt und mich nie verlassen wird.«

CORSSEN *Das mag stimmen. Mein Vorschlag wäre, daß Sie in Ruhe abwarten und ihm jetzt keine Vorwürfe machen. Er würde Sie dann in Zukunft anlügen. Und wenn er Sie anlügt, entfernt er sich nur noch weiter von Ihnen. Aber wenn Sie jetzt keine Lust haben, mit ihm zu schlafen, weil er andere Frauen hat, dann sollten Sie ihm das ruhig sagen.*

DAGMAR »Er wird doch sehr enttäuscht sein.«

CORSSEN *Das darf er auch sein. Sagen Sie ihm, ich hab' dich immer noch gerne und ich werde mich auf eine andere Art Beziehung mit Dir konzentrieren. Dann kann Ihre Ehe wieder herzlicher werden. Ich möchte Ihnen abschließend sagen, daß nirgends geschrieben steht, daß Ehe gleich Sex ist, und Ehebruch muß kein Treuebruch sein! Sie sollten sich durch das Verhalten Ihres Mannes nicht abgewertet fühlen, sondern versuchen, auf eine andere Gefühlsebene mit ihm zu kommen. So gewinnen Sie beide.*

Anruf von Michaela M. (16): Sie ist am Boden zerstört, weil sie bei ihrem gleichaltrigen Freund einen Brief an eine andere gefunden hat. Was soll sie jetzt tun?

CORSSEN *Wie hast Du diesen Brief überhaupt entdeckt?*

MICHAELA »Er lag auf seinem Schreibtisch, und ich habe gleich gesehen, daß da die Adresse von einem Mädchen draufstand. Ich fragte, was das soll und er wollte mir einreden, daß dies nur der Brief eines Freundes sei und er habe versprochen, ihn einzuwerfen. Ich hab's nicht geglaubt und mir den Brief geschnappt. Ich bin damit ins Badezimmer gerannt, habe abgesperrt und den Brief aufgemacht.«

CORSSEN *Was stand denn in diesem Brief?*

MICHAELA »Also, der Brief war an ein Mädchen, das er in der BRAVO gesehen hat, und er hat geschrieben, daß er sie total nett findet und gerne kennenlernen möchte. Ich habe geheult, aber mein Freund behauptet, daß der Brief nur ein Witz sei.«

CORSSEN *Glaubst Du das?*

MICHAELA »Nein, ich bin doch nicht blöde. Mir hat er noch nie so einen netten Brief geschrieben.«

CORSSEN *Und was befürchtest Du jetzt am meisten?*

MICHAELA »Wir haben uns wegen des Briefes gestritten, und er hat gedroht, Schluß zu machen.«

CORSSEN *Also Du hast jetzt Angst, daß es aus ist, weil Du den Brief geöffnet hast und weil ihm offenbar dieses andere Mädchen so gefällt, daß er ihr schreibt.*

MICHAELA »Wir sind jetzt eineinhalb Jahre zusammen und hatten eine Superzeit. Plötzlich ist alles anders. Ich muß andauernd heulen.«

CORSSEN *Ich könnte mir vorstellen, daß er Dich nach wie vor mag, aber eben ein bißchen neugierig ist. Das wäre für sein Alter normal.*

MICHAELA »Aber mir stinkt es, daß er plötzlich alles leugnet und von einem Spaß redet.«

CORSSEN *Dich enttäuscht vermutlich die ganze Heimlichkeit dieses Briefschreibens. Und jetzt bist Du mißtrauisch geworden und denkst, Du müßtest ihm ständig hinterherspionieren.*

MICHAELA »Klar, ich traue ihm überhaupt nicht mehr. Ich habe ihm zwar gesagt, daß ich es noch einmal mit ihm versuchen möchte, aber nicht, wenn er mich anlügt.«

CORSSEN *Ich finde es richtig, daß Du auf Ehrlichkeit bestehst. Was Du nicht verlangen kannst, ist, daß er keinem anderen Mädchen schreibt.*

MICHAELA »Soll ich ihm das etwa erlauben? Warum macht er das überhaupt?«

CORSSEN *Es könnte natürlich sein, daß er Deiner sehr sicher ist und sich nur umsehen und seinen Marktwert testen möchte. Das kannst Du ihm nicht verbieten. Aber ich würde ihm ruhig sagen: Hör mal, erstens mag ich nicht, daß* *du mich anlügst, weil ich mich da verschaukelt fühle. Zweitens kann ich dir zwar nicht verbieten, einem anderen Mädchen zu schreiben, aber sei weiterhin lieb mit mir. Es wäre sicher auch klug, wenn Du Dich vorläufig etwas von Deinem Freund zurückziehen würdest und Dich auch auf etwas anderes konzentrierst. Er sollte sich wieder mehr um Dich bemühen müssen. Vielleicht schreibt er Dir dann auch so ein Briefchen. Vielleicht bist Du ihm so nahe, daß er Dich nicht mehr richtig wahrnimmt.*

MICHAELA »Wenn ich mich zurückziehe, verliere ich ihn vielleicht endgültig. Das ist mir zu riskant. Ich würde alles tun, um ihn zu halten.«

CORSSEN *Wenn Dein Freund nicht mehr so verknallt in Dich sein sollte, dann ist es leider so. Du solltest nicht verbissen um Liebe kämpfen. Also nicht: He, du Idiot, liebe mich. Liebe ist immer etwas Freiwilliges. Du kannst nicht mehr tun, als ihm zeigen, daß Du gekränkt bist und Dich etwas zurückziehen. Wenn er Dich noch mag, wird er sich um Dich bemühen – wenn er es nicht tut, ist es halt aus. Das ist das Leben. Dann mußt Du Dich eben umschauen, ob Du nicht einen findest, der sich mehr um Dich bemühen möchte.*

MICHAELA »Er wirft mir auch vor, daß ich kein Vertrauen zu ihm habe.«

CORSSEN *Nach meinem Gefühl solltest Du mit dem ewigen Diskutieren aufhören. Redet nicht soviel über eure Liebe, tut mehr gemeinsam. Wenn man soviel über die Beziehung reden muß, dann stimmt was nicht. Wage es ruhig, ihn zu verlieren, sonst gibst Du Dich am Ende selbst auf und es geht Dir noch schlechter. Versuche also herauszufinden, ob er sich um Dich genauso bemühen würde wie um dieses fremde Mädchen. Dann weißt Du, ob es sich lohnt, mit ihm zusammenzubleiben.*

Der Kampf um die Macht

Der Eifersüchtige fühlt sich ohnmächtig. Er hat Angst, etwas Vertrautes und für ihn Wichtiges an jemand anderen zu verlieren. Je mehr er einen Menschen als Ergänzungspartner braucht, der ihm fehlende Sicherheit, Stärke oder Selbstwert vermittelt, desto heftiger und verzweifelter wird er um ihn kämpfen. In diesem Streit geht es hauptsächlich darum, daß jeder seine Auffassung von Leben und Liebe als die wahre erklärt und sie durchsetzen will.

Anklagen, Beleidigungen, Unterstellungen, Versprechungen, Drohungen, Erpressungen, Lügen, Rechtfertigungen und Krankheiten sind die Waffen in diesem ›Überlebenskampf‹. In dieser Auseinandersetzung geht es häufig gar nicht mehr um den Menschen, sondern um die Situation, die man unter Kontrolle haben möchte. Wer mit den biologischen Mechanismen der Arterhaltung wie Beherrschen, Abwerten und Rechthaben um Liebe kämpft, wird vielleicht eine gewisse Sicherheit erstreiten können, aber kein seelisches Glück. Wer im Übermaß eifersüchtig ist, sollte sich bewußt machen, daß er sein Glück und sein Wohlbefinden vom Verhalten des anderen abhängig macht. Und der vom Eifersüchtigen Verfolgte kann jenem nicht mit Beruhigungen helfen. Besser ist es, den Leidenden in seiner Ohnmacht und Wut zu belassen und weiter so zu leben, wie man es für sich beschlossen hat.

TRENNUNG

**Anruf von Andrea (33):
Sie hat sich nach vier Jahren
von ihrem verheirateten Freund
getrennt.
Aber sie kann ihn nicht vergessen,
wurde aus Kummer krank**

CORSSEN *Was war der Auslöser für die Trennung?*

ANDREA »Ich habe es nicht mehr ertragen, daß er verheiratet ist. Wir haben uns zwar toll verstanden, aber trotzdem spielte ich in seinem Leben nur die zweite Geige. An Wochenenden und an Feiertagen hockte ich alleine in meiner Wohnung, da war er bei seiner Familie. Nie sind wir beide zusammen in Urlaub gefahren. Er nahm Rücksicht auf seine Frau, sie durfte nichts erfahren. Das hat mich gekränkt. Ich möchte einen Mann, der zu mir gehört, der sich zu mir bekennt.«

CORSSEN *Haben Sie es mit einer neuen Beziehung probiert?*

ANDREA »Ja, aber das bringt nichts. Mir fällt es nicht schwer, einen netten Mann kennenzulernen. Das ist nicht mein Problem. Aber ich muß ständig an meinen Ex-Freund denken. Ich kriege ihn nicht aus meinem Kopf.«

CORSSEN *Das bedeutet, daß Sie noch Trauerarbeit leisten und nicht richtig weg von ihm sind.*

ANDREA »Ehrlich, ich hätte nie gedacht, daß mich diese Trennung so schlaucht. Nachts kann ich nicht mehr schlafen und tagsüber mich kaum auf meine Arbeit konzentrieren. Die Traurigkeit sitzt wie ein dicker Kloß in meinem Hals. Ich habe schlechte Laune, vergrabe mich zu Hause und heule.«

CORSSEN *Wie lange ist die Trennung her?*

ANDREA »Vor zwei Monaten habe ich ihm einen Brief geschrieben und ihm gesagt, daß es aus ist.«

CORSSEN *Das ist eine ziemlich kurze Zeit. Da dürfen Sie nicht so ungeduldig mit sich sein.*

ANDREA »Aber dieses Traurigsein muß doch einmal aufhören. Ich kann doch nicht immer so herumhängen. Deswegen rufe ich Sie an. Wieso macht mich das alles so kaputt?«

CORSSEN *Meine Idee ist, daß Sie liebevoller mit sich umgehen sollten. Ich empfehle Ihnen ein schönes Abendgebet: Ich verzeihe mir, daß ich so traurig und so verzweifelt bin, und ich wünsche mir alles Gute.*

ANDREA »Ich mache mir aber Vorwürfe, sage mir, daß es nicht richtig ist, wenn man sich so gehen läßt.«

CORSSEN *Doch, genau das sollten Sie tun. Lassen Sie sich hängen, schlampen Sie 'rum. Bleiben Sie am Wochenende ruhig im Bett, und versuchen Sie bloß nicht, sich gewaltsam abzulenken.*

ANDREA »Aber wenn ich mich nicht ablenke, dann kommt diese Sehnsucht, und ich habe Angst, daß ich es nicht mehr aushalte, schwach werde und ihn anrufe. Manchmal sitze ich wie gebannt vor dem Telefon, will ihn anrufen, sagen, daß es mir leid tut, daß ich ihn liebe und zurückhaben möchte.«

CORSSEN *Jetzt sage ich Ihnen etwas, was Sie überraschen wird: Im Zweifelsfall sollten Sie unvernünftig sein. Rufen Sie ihn an, wenn Sie das dringende Bedürfnis haben. Vielleicht haben Sie zu früh Schluß gemacht, weil Sie vernünftig sein wollten. Sie haben die Trennung gewaltsam durchgezogen und sich dabei seelisch überfordert: Weil Sie nicht liebevoll mit sich selber waren.*

ANDREA »Stimmt, ich habe die Trennung gewaltsam provoziert. Mein Freund war zufrieden, so wie es war. Aber irgendwann mußte doch mit dieser zukunftslosen Geschichte Schluß sein.«

CORSSEN *Wo steht, daß Sie Schluß machen müssen? Das einzige, was Sie im Leben wirklich müssen, ist sterben. Sonst nichts. Und im Zweifelsfall sollten Sie lieber unvernünftig sein, als zu sich selbst lieblos.*

ANDREA »Auch wenn ich dadurch unglücklich werde?«

CORSSEN *Wenn das Unglück mit diesem Mann für Sie wirklich größer ist als das gemeinsame Glück, werden Sie sich ohne Probleme von ihm trennen.*

**Anruf von Helmut (34):
Er hat seine Frau
nach acht Jahren Ehe
wegen einer anderen verlassen
und ist nach einem halben Jahr
wieder zurückgekehrt.
Aber die Bindung zur Freundin ist
noch immer stark,
er kann sie nicht vergessen**

CORSSEN *Warum sind Sie zu Ihrer Frau zurückgegangen?*

HELMUT »Es waren noch Gefühle da.«

CORSSEN *Also nicht aus finanziellen Gründen oder weil es moralisch ist, sondern weil Sie Ihre Frau noch immer mochten. Deswegen sind Sie zu ihr zurückgekehrt.*

HELMUT »Ich habe halt die gemeinsame Zeit nicht vergessen können.«

CORSSEN *Lieben Sie Ihre Frau noch?*

HELMUT »Was heißt schon Liebe? Wir haben viel zusammen erlebt und durchgemacht. Das kann man nicht abschütteln, wie ein Hund das Wasser. Solche gemeinsamen Erinnerungen festigen eine Beziehung. Trotzdem sehne ich mich nach meiner Freundin.«

CORSSEN *Was wollen Sie tun?*

HELMUT »Ich weiß nicht. Erst habe ich mich von meiner Frau getrennt und dann von meiner Freundin. Und ich bin immer noch unglücklich.«

CORSSEN *Sie sollten sich klarmachen, warum Sie schon einmal ausgezogen sind, um mit Ihrer Freundin zusammen zu leben und warum Sie wieder zu Ihrer Ehefrau zurückgekehrt sind. Was ist da passiert?*

HELMUT »Meine Eltern und die ganze Familie haben massiv Druck ausgeübt. Ich sei unmöglich und ich könne doch meine Ehe nicht so ohne weiteres aufs Spiel setzen. Ich hatte die gesamte Verwandtschaft gegen mich.«

CORSSEN *Also sind Sie doch nicht nur zurückgekehrt, weil Sie Ihre Frau mögen, sondern weil der gesellschaftliche Druck so groß war?*

HELMUT »Wahrscheinlich stimmt das so.«

CORSSEN *Treffen Sie sich noch mit Ihrer Freundin?*

HELMUT »Wir sehen uns zwei- bis dreimal in der Woche.«

CORSSEN *Schlafen Sie auch mit ihr?*

HELMUT »Ja.«

CORSSEN *Und schlafen Sie auch mit Ihrer Frau?*

HELMUT »Nein.«

CORSSEN *Und warum nicht?*

HELMUT »Praktisch nicht mehr seit dem Zeitpunkt, als ich sie damals verließ. Das ist etwa ein Dreivierteljahr her.«

CORSSEN *Hätten Sie überhaupt noch Lust, mit Ihrer Frau zu schlafen?*

HELMUT »Schon, aber zwischen uns ist so vieles vorgefallen. Vielleicht klappt es im Bett auch nicht mehr.«

CORSSEN *Sie befürchten also, daß es nicht mehr funktioniert. Aber mit Ihrer Freundin haben Sie offenbar keine sexuellen Probleme. Ist das zwischen Ihnen eine primär erotische Beziehung oder haben Sie auch viele gemeinsame Interessen und Gespräche?*

HELMUT »Ich verstehe mich mit meiner Freundin hundertprozentig. Wir harmonieren so großartig miteinander. Im Bett sowieso, aber auch beim Reden oder wenn wir gemeinsam etwas unternehmen. Ich fühle mich zusammen mit ihr wohl.«

CORSSEN *Das klingt, als wären Sie an sich lieber mit Ihrer Freundin zusammen als mit Ihrer Frau.*

HELMUT »So ist es.«

CORSSEN *Haben Sie Kinder?*

HELMUT »Nein, und ich bin deswegen froh.«

CORSSEN *Was sagt Ihre Frau zu dieser ganzen Situation?*

HELMUT »Sie leidet natürlich.«

CORSSEN *Das kann ich mir vorstellen. Sie spürt, daß Sie mit dem Herzen nicht bei ihr sind, und das wird für sie auf Dauer sehr ungesund sein. Haben Sie ihr versprochen, sich nicht mehr mit Ihrer Geliebten zu treffen?*

HELMUT »Ich habe es meiner Frau versprechen müssen. Aber die Bindung zwischen meiner Freundin und mir ist zu stark. Ich schaffe es nicht, mich zu trennen.«

CORSSEN *Wahrscheinlich lügen Sie Ihre Frau an und sagen ihr nicht, wenn Sie sich mit Ihrer Freundin getroffen haben.*

HELMUT »Ja.«

CORSSEN *Das entfernt Sie natürlich noch mehr von Ihrer Frau, weil Sie lügen müssen.*

HELMUT »Ich habe auch ein ziemlich schlechtes Gewissen. Nicht nur meiner Frau, sondern auch meiner Freundin gegenüber. Ich fühle mich bei beiden schuldig.«

CORSSEN *Eine schwierige Situation. Was meinen Sie, wie geht es weiter?*

HELMUT »Keine Ahnung. Ich habe ja angerufen, damit Sie mir sagen, was ich tun soll.«

CORSSEN *Ich kann Ihnen die Entscheidung nicht abnehmen, ob Sie bei Ihrer Frau oder Ihrer Freundin bleiben sollen. Es geht eher darum, daß Sie sich fragen – auch wenn es jetzt etwas groß klingt –, was der Sinn Ihres Lebens ist, warum Sie hier auf dieser Erde sind, was Sie schaffen und erreichen wollen. Was bedeutet für Sie Liebe, menschliche Beziehung, Ethik? Ich glaube, daß Sie sich in dieser Situation befinden, weil Sie noch zu wenig darüber nachgedacht haben und noch zu wenig Ihren eigenen Weg bestimmen. Sie entscheiden sich vorläufig nur unter Druck. Drängt Ihre Freundin, kann es sein, daß Sie zu ihr zurückkehren. Wenn der Druck Ihrer Frau zu stark wird oder der von Verwandten, kann es sein, daß Sie in Ihrer Ehe bleiben. Sie haben die Verantwortung für Ihr eigenes Leben noch nicht übernommen. Darunter leiden nicht nur Sie, sondern auch die beiden Frauen.*

HELMUT »Genau, das ist das Problem, was ich dauernd mit mir herumschleppe. Beide sind auf irgendeine Weise tolerant, meine Frau wie meine Freundin. Ich habe das Gefühl, auf der Stelle zu treten, und weiß nicht mehr weiter.«

CORSSEN *Die Frauen werden spüren, daß Sie nach einem Alibi suchen, um endlich eine Entscheidung zu erzwingen. Deshalb übt weder Ihre Frau noch Ihre Freundin Druck aus. Beobachten Sie sich mal ehrlich: Versuchen Sie nicht gelegentlich, Ihre Frau zu provozieren, um Sie dann ohne Schuldgefühle verlassen zu können?*

HELMUT »Irgendwie haben Sie recht. Aber was soll ich tun? Ich will meine Frau schonen, ihr nicht wehtun.«

CORSSEN *Also ich halte nichts vom Schonen. Den anderen schonen, das klingt so schön christlich, nach Nächstenliebe. Aber für mich heißt es auch, daß man dem anderen nicht zutraut, daß er sein Leben bewältigt, und ihn für schwach hält. Ich habe die Erfahrung gemacht, daß Menschen mit der Wahrheit wirklich viel besser umgehen können als mit der Lügerei. Wenn Sie tatsächlich moralisch sein wollen und Ihrer Frau keine schlimmen Stunden bereiten möchten, dann sollten Sie ehrlich mit ihr reden. Bekennen Sie sich zu Ihren Gefühlen, sagen Sie ihr, daß Sie sich in einer Zwickmühle befinden, daß Sie sich im Augenblick mehr nach der Freundin sehnen, daß Sie ihr aber nicht wehtun wollen. Wagen Sie einfach, mal das einzugestehen, was in Ihnen vorgeht. Sie werden mehr Selbstachtung vor sich bekommen, und das wird Sie zu einer Entscheidung führen.*

HELMUT »Das leuchtet mir ein. Aber da sind auch meine Eltern, die mir vorwerfen, ich wäre ein schlechter und unmoralischer Mensch.«

CORSSEN *Sie bieten bestimmt einen fruchtbaren Boden für Menschen, die Sie mit Schuldgefühlen manipulieren wollen. Wenn Sie mehr zu sich selber stehen würden, könnte man Sie nicht so manipulieren. Da Sie aber wahrscheinlich versucht haben, sehr lange lieb zu sein und keinen zu verletzen, haben Sie es nicht geschafft, sich selbst in den Griff zu kriegen. Wenn Sie Ihr eigenes Leben leben, nicht das Ihrer Frau, Ihrer Freundin, Ihrer Eltern oder anderer Menschen, müssen Sie automatisch mit anderen Menschen anecken. Weil Sie eben nicht so wollen, wie die wollen.*

HELMUT »Den Eindruck habe ich auch von mir, daß ich immer glaube, ich muß es dem und dem recht machen oder einen Gefallen tun.«

CORSSEN *Das Tragische ist nur, obwohl Sie das Gute im Kopf haben und zu jedermann nett sein möchten, werden Sie auf Dauer jeden verletzen und jedem auch was Schlechtes antun. Weil ja jeder wartet, jeder denkt, Sie machen etwas Gutes für ihn, ist er enttäuscht, wenn Sie auch mal was für andere machen. Dadurch werden alle gegen Sie sein. Sie werden sich immer mehr verlieren, bei jeder Frau Ihren Kopf in den Schoß legen und sich als armes Schwein fühlen. Es geht wirklich darum, daß Sie wagen, einmal nicht mehr so lieb zu sein.*

HELMUT »Ja, das hat man mir schon öfters gesagt.«

CORSSEN *Ein Tip noch zum Schluß: Fragen Sie nie so viele andere Menschen, was Sie machen sollen. <u>Jeder erzählt Ihnen nur sein eigenes System</u>. Was für Sie richtig ist, wissen nur Sie allein. Und wenn Sie weiterhin so angepaßt und lau Ihr Leben führen, hören Sie auf, es sich vorzuwerfen. Stehen Sie lieber dazu; allein dadurch wird es Ihnen bereits bessergehen.*

**Anruf von Sieglinde (24):
Sie möchte von ihrem Freund
loskommen
und schafft es nicht.
Dabei tyrannisiert er sie,
wird auch handgreiflich.
Sie versteht selbst nicht,
warum sie immer wieder zu ihm
zurückkehrt**

CORSSEN *Leben Sie mit diesem Mann noch zusammen?*

SIEGLINDE »Nein, vor drei Monaten bin ich ausgezogen. Wir haben zweieinhalb Jahre zusammengewohnt, und ich mag ihn immer noch. Aber er ist halt so jähzornig und schlägt dann gleich zu.«

CORSSEN *Hat er dann etwas getrunken?*

SIEGLINDE »Nicht immer. Manchmal begann er aus heiterem Himmel zu toben, nur weil er mit einem Problem nicht fertig wurde. Er drehte dann regelrecht durch. Er hat mich oft schlecht behandelt, mich vor anderen Leuten als dumm hingestellt. Ich will wirklich weg von ihm, aber dann werde ich wieder schwach.«

CORSSEN *Also vom Kopf her haben Sie offenbar entschieden, daß dieser Mann nichts für Sie ist. Aber gefühlsmäßig hängen Sie noch an ihm. Was gefällt Ihnen denn an diesem Mann?*

SIEGLINDE »Er schaut gut aus. Er ist klug, weiß viel. Wir haben miteinander reden können, hatten zusammen Spaß, gemeinsame Freunde. Es war nie langweilig.«

CORSSEN *Würden Sie mit ihm noch zusammen sein, wenn er Sie nicht schlagen würde?*

SIEGLINDE »Nein, er war auch ziemlich eifersüchtig und hat mir alles verboten. Mein Ex-Freund ist zehn Jahre älter als ich, er hat nie verstanden, daß ich noch etwas erleben will, daß ich Freunde brauche, auch mal ausflippen möchte.«

CORSSEN *Es störten Sie also nicht nur die Prügel, sondern auch, daß er Ihnen keinen Freiraum ließ. Er wollte der Boß sein, und wenn Sie nicht pariert haben, gab's Prügel.*

SIEGLINDE »So ungefähr. Er hat schon gesagt, wo's langgeht und was er gerne möchte. Das habe ich auch meistens gemacht, obwohl es mich echt geärgert hat. Und obwohl ich ausgezogen bin, springt er immer noch so mit mir um.«

CORSSEN *Wie läuft denn der Kontakt jetzt ab?*

SIEGLINDE »Wir telefonieren häufig, reden miteinander und sind noch immer ziemlich vertraut.«

CORSSEN *Und sagen Sie ihm, daß Sie noch verliebt in ihn sind?*

SIEGLINDE »Ja, obwohl ich es nicht mehr sein möchte. Mich macht das total fertig, immer dieses Hin und Her, diese Anrufe, diese sinnlosen Gespräche.«

CORSSEN *Ich glaube, daß es im Moment für Sie noch zu früh ist, sich von diesem Mann zu trennen. Ihr Verstand will die Trennung, aber gefühlsmäßig hängen Sie noch an ihm, auch wenn Sie unter ihm leiden. Und je mehr sich Ihr Wille gegen ihn wehrt, desto abhängiger werden Sie von ihm. Ich habe häufig erlebt, daß in so einem Fall die besten Ratschläge wenig taugen. So eine Beziehung geht erst dann zu Ende, wenn man ausgebrannt ist und wirklich nicht mehr kann.*

SIEGLINDE »Sie können sich nicht vorstellen, wie unglücklich ich bin. So oft habe ich versucht, mich von diesem Mann zu trennen. Jedesmal bin ich wieder zu ihm zurückgegangen. Ich will wirklich nicht mehr mit ihm zusammen sein. Aber wenn er nicht da ist, fehlt er mir.«

CORSSEN *Wenn Sie sich schon so häufig getrennt haben und immer wieder zurückkehrten, ist das keine Freiwilligkeit mehr. Dann ist das irgend etwas, was Sie dauernd wiederholen. Fast eine Art Abhängigkeit.*

SIEGLINDE »Das kann schon sein. Manchmal denke ich schon, daß bei mir was nicht stimmt. Wieso lasse ich mich von meinem Freund immer noch so mies behandeln? Wieso verzeihe ich ihm jedesmal, wenn er mich schlägt, und kehre zu ihm zurück? Aber er verspricht immer, daß er sich ändert, tut es dann aber nicht.«

CORSSEN *Sie können davon ausgehen, daß es sehr schwer ist, sich zu ändern. Ihr Freund versucht es bestimmt immer wieder, aber in dem Augenblick, wenn es Streß gibt und Sie sich nicht so verhalten, wie er will, dann werden sich seine Eifersucht und seine Gewalttätigkeit jedesmal wiederholen. Und bei Ihnen wiederholt sich immer wieder, daß Sie erst weglaufen, ihm dann verzeihen und zurückkommen. Das ist eine unglückselige Mechanik. Mit Liebe hat das nicht soviel zu tun.*

SIEGLINDE »Glauben Sie denn, daß er mich nicht liebt?«

CORSSEN *Ach wissen Sie, was Liebe ist, das bestimmt letztlich jeder selbst. In meine Definition von Liebe gehört, daß man den anderen nicht ändern will, daß man ihn so sein läßt und daß man ihn respektiert in seiner Wahrheit, wie er denkt und wie er leben möchte. Das ist bei Ihrem Freund wohl nicht so. Da ist von beiden Seiten eine starke Abhängigkeit. Um von ihm wirklich loszukommen, sollten Sie in eine Selbsterfahrungsgruppe gehen oder doch einmal ein paar Gespräche mit einem Psychologen führen.*

SIEGLINDE »Und was soll ich ihm am Telefon sagen, wenn wir das nächste Mal miteinander sprechen?«

CORSSEN *Ich meine, daß er wahrscheinlich nicht gelten lassen wird, was Sie sagen. Egal, was Sie ihm erklären, er wird es Ihnen immer wieder ausreden. Das Beste wäre, wenn Sie ganz kurz angebunden sind und ihm eben nicht viel erklären. Sagen Sie: Ich glaube, daß ich dich eigentlich gar nicht mehr liebe. Ich muß mich erst einmal selbst finden. Ich bin noch nicht bei mir angekommen und ich will mich von dir lösen.*

SIEGLINDE »Er wird aber wissen wollen, wie ich auf so etwas komme...«

CORSSEN *Sie sollten das nur sagen, wenn Sie es auch selber meinen. Rechtfertigen Sie sich nicht. Je mehr Sie von sich berichten, je mehr Gefühle und Situationen Sie schildern, desto besser kann er darauf eingehen und Sie manipulieren. Sie sollten also möglichst wenig reden. Ich weiß aber nicht, ob Sie meine Ratschläge wirklich einhalten können. Wahrscheinlich wollen Sie sich ja noch nicht von ihm trennen.*

Und vielleicht sollten Sie lieber noch einmal in diese Beziehung eintauchen und nochmals richtig schön lieben und leiden und immer noch mal, bis Sie wirklich nicht mehr wollen. Alles ist sinnvoll, auch das Leid, denn wir können daran wachsen. Vielleicht müssen Sie noch mehr Leid erleben, um sich retten zu können.

SIEGLINDE »Ich möchte nicht mehr leiden. Deshalb bin ich auch ausgezogen. Ich bin schon weiter, als ich zuvor war, aber es ist halt immer noch irgendwas da...«

CORSSEN *Und das ›Irgendwas‹ ist meist die Sehnsucht, zu lieben und geliebt zu werden. Und das macht Sie abhängig von diesem Mann, den Ihr Verstand längst nicht mehr will. Aber Ihr Herz um so mehr. Sie kommen von ihm wirklich erst dann los, wenn nichts mehr in Ihnen nach diesem Mann verlangt. Lesen Sie mal den Bestseller ›Frauen, die zu sehr lieben‹. Vielleicht begreifen Sie dann sich und die Situation, in der Sie stecken, noch besser und bekommen die Kraft, etwas zu ändern.*

Anruf von Tanja B. (21):
Ihr Freund,
der in einer anderen Stadt lebt,
hat Schluß gemacht.
Sie will aber um ihn kämpfen

CORSSEN *Wie lange kennen Sie Ihren Freund schon?*

TANJA »Seit drei Monaten. Für mich war's die große Liebe. Wir wohnen zwar 400 Kilometer auseinander, aber ich wäre bereit gewesen, zu ihm zu ziehen. Aber vor einer Woche hat er aus heiterem Himmel angerufen und gesagt, daß es aus ist. Ihm sei die Entscheidung zwar schwergefallen, aber er hätte den Eindruck, daß die Beziehung nichts mehr bringe. Er möchte aber, daß wir weiterhin gute Freunde bleiben.«

CORSSEN *Und das reicht Ihnen nicht?*

TANJA »Nein, ich liebe ihn doch. Und wenn es nur noch eine gute Freundschaft ist, dann geht das große Gefühl doch kaputt.«

CORSSEN *Es kommt darauf an. Wenn Sie viel verbindet, zum Beispiel der gleiche Sport oder Freundeskreis, dann ist gut möglich, daß der freundschaftliche Kontakt erhalten bleibt. Wenn aber in Ihnen beiden das Verliebtsein, also die Mann-Frau-Beziehung, das Wichtigste war, dann wird sich die Freundschaft allmählich auflösen. Haben Sie denn das Gefühl, daß er frisch verliebt ist, vielleicht ein neues Mädchen kennengelernt hat?*

TANJA »Ich habe gefragt, aber er hat es abgestritten.«

CORSSEN *Und Sie wollen jetzt von mir wissen, wie Sie um diesen Mann kämpfen können?*

TANJA »Genau.«

CORSSEN *Was ist Ihre Idee? Was würden Sie jetzt am liebsten machen?*

TANJA »Zu ihm fahren und über alles reden.«

CORSSEN *Sie möchten darum kämpfen, daß er Sie weiterliebt?*

TANJA »Ja.«

CORSSEN *Das kann ich gut verstehen, weil Sie ihn wohl sehr mögen. Und es ist auch sicher nicht leicht einzusehen, daß plötzlich Schluß sein soll. Ich möchte Ihnen aber zu bedenken geben, daß es sehr schwierig ist, um Liebe zu kämpfen. Wenn Sie jetzt zu ihm hinfahren und ihn anflehen: Ich möchte dich nicht verlieren, ich liebe dich so sehr und warum liebst du mich nicht mehr – da werden Sie nur wenig erreichen. Womöglich sind Sie nur noch trauriger, weil Sie diese Strapaze auf sich genommen haben, hingefahren sind, nur um zu erfahren, daß Sie verloren haben. Ich glaube, daß Sie sich eher damit abfinden müssen, daß er erst einmal die Liebesbeziehung abbrechen möchte. Sie können ihm am Telefon sagen, daß Sie darüber traurig sind und daß Sie ihn noch immer lieben, aber daß Sie seine Entscheidung akzeptieren. Mit diesem Akzeptieren haben Sie die Chance, daß sich vielleicht doch noch etwas entwickelt. Die Freundschaft bleibt ja. Wenn Sie ihn aber jetzt unter Druck setzen und ihn mit Ihrer Traurigkeit erpressen, wird er sich noch eher zurückziehen. Verstehen Sie?*

TANJA »Soll ich jetzt ganz auf lässig machen?«

CORSSEN *Nein, Sie dürfen ihn nicht zurückstoßen und die Gleichgültige spielen. Er darf ruhig spüren, wie sehr Sie ihn mögen. Aber er soll auch merken, daß Sie respektieren, daß er eben im Augenblick nur eine Freundschaft möchte. Aber fahren Sie nicht zu ihm. Das ist zuviel Einsatz.*

TANJA »Kann ich ihn wenigstens fragen, warum er Schluß gemacht hat?«

CORSSEN *Das Warum-Fragen ist zuviel Druck. Er möchte Sie wahrscheinlich auch schonen, sagt nicht ganz die Wahrheit. Meistens ist es dann in solchen Fällen doch so, daß eine andere dahintersteckt. Lassen Sie ihm noch Zeit. Wenn diese Beziehung doch eine Enttäuschung wird, sollten Sie heulen und Ihrer Traurigkeit Luft machen. Und ich versichere Ihnen: Es ist irgendwann vorbei, und Sie sind für eine neue Beziehung offen. Nach drei Monaten hat sich eine Liebe meistens noch nicht so tief ins Herz eingenistet.*

Jede Trennung ist ein Neuanfang

Wenn Menschen verlassen werden, ist das für sie meist ein traumatisches Erlebnis – ähnlich dem Ausgestoßenwerden aus dem beschützenden Mutterleib. Das Vom-anderen-Getrenntsein, der Verlust von vertrauten Einheitsgefühlen erzeugt Verzweiflung, Wut oder Trauer. Und wenn das Verlassenwerden auch noch als Niederlage, als Folge eigener Unzulänglichkeit interpretiert wird, vergrößert dies noch den Trennungsschmerz.

Je stärker man den anderen für das eigene Seelenglück oder die Alltagsbewältigung braucht, desto heftiger wird die Verlust- und Ohnmachtsreaktion sein. Dann trauert man nicht nur um den Verlust des geliebten Menschen, sondern auch noch um das Verlieren seiner selbst – eben die Hälfte, die man an den delegiert hat, der einen ergänzte, ›ganz‹ machte.

Aber Trennung birgt in sich auch Wiedergeburt und Neuanfang. Wer bereit ist, das ›Ewig stirb und werde‹ als ein Lebensprinzip zu akzeptieren und das Wissen darum in seine Lebensführung mit einbezieht, wird auch immer wieder Freude, Liebe und Seligkeit erfahren.

ENTSCHEIDUNGEN IN LIEBESDINGEN

**Anruf von Bernd (22):
Soll er sich für die Karriere
oder für die Liebe entscheiden?
Seine Freundin möchte nicht
zu ihm in die Großstadt ziehen**

CORSSEN *Haben Sie Ihrer Freundin von Anfang an gesagt, daß für Sie beruflich nur eine Großstadt in Frage kommt?*

BERND »Aber klar! Ich komme aus einer kleinen Stadt in der Pfalz, da hatte ich in meinem Beruf überhaupt keine Chancen. Meine Freundin wußte, daß ich eines Tages in eine Großstadt umziehen würde, und sie sagte immer, sie würde mit mir durch dick und dünn gehen.«

CORSSEN *Und warum möchte sie jetzt nicht mitgehen?*

BERND »Sie mag das Großstadtleben nicht. Sie findet es zu hektisch und zu laut. Sie hängt auch an ihrer Familie, an den Freunden.«

CORSSEN *Wollen Sie dieses Mädchen heiraten?*

BERND »Irgendwann bestimmt. Meine Freundin bedeutet mir alles, wir haben uns immer gut verstanden. Ich glaube nicht, daß ich so eine Frau jemals wiederfinden könnte. Vor zwei Monaten habe ich sie das letztemal besucht und sie gedrängt, zu mir in die Stadt zu ziehen. Aber sie wollte nicht. Seitdem haben wir kaum noch Kontakt. Nur wenn ich zu ihr aufs Land zurückkehren würde, wären wir wieder zusammen.«

CORSSEN *Aber im Moment scheint Ihnen die Karriere wichtiger als die Beziehung zu sein.*

BERND »Sagen wir mal so, ich möchte gerne erfolgreich sein, aber ich möchte auch, daß mein Privatleben nicht zu kurz kommt. Meine Freundin ist Krankenschwester, und ich könnte ihr hier in der Stadt leicht einen Job besorgen.«

CORSSEN *Aber sie will auf keinen Fall in die Großstadt?*

BERND »Nicht um alles in der Welt.«

CORSSEN *Dann geht es nur noch um die Entscheidung, ob Sie wieder in die Provinz zurückkehren, um mit Ihrer Liebe zusammen zu sein oder eben auf sie verzichten.*

BERND »Aus beruflichen Gründen kann ich praktisch nicht mehr zurück. Ich habe einen festen Job mit guten Chancen. Andererseits macht mir ohne meine Freundin vieles keinen Spaß.

CORSSEN *Wie wäre es, wenn Sie mit Ihrer Freundin nicht direkt in der Stadt wohnen würden, dafür in der Umgebung, etwa 20 bis 30 Kilometer entfernt, wo es ländlicher ist?*

BERND »Sie ist so starrköpfig. Sie will unbedingt in ihrer gewohnten Umgebung bleiben, bei ihrer Familie, bei den Freunden.«

CORSSEN *Ist Ihnen eigentlich etwas aufgefallen? Ihre Freundin entscheidet sich im Zweifelsfall für ihre Heimat und ihre Familie und Sie sich für Ihren Beruf. Das muß man schon ernst nehmen, daß Sie beide offenbar noch etwas Wichtigeres als die Liebe haben. Und vielleicht ist es eine unbewußte Übereinstimmung, daß Sie beide doch nicht für immer zusammenbleiben wollen.*

BERND »So kann man das doch nicht sehen.«

CORSSEN *Sie müssen ja auch nicht sofort einen Entschluß fassen. Sagen Sie ihr, ich liebe dich, und ich freue mich auf dich, und ich besuche dich auch wieder und wir werden sehen, wie sich alles entwickelt. Dann können Sie beide ein halbes oder ein ganzes Jahr abwarten. Und wenn Sie dann wirklich spüren, daß Sie in der Stadt ohne Freundin immer trauriger werden, daß Ihnen nichts Spaß macht, nicht einmal der Beruf, dann können Sie immer noch zu ihr in Ihre Heimatstadt zurückkehren. Vielleicht stellt Ihre Freundin in dieser Zeit auch fest, wie sehr sie sich nach Ihnen sehnt und daß es doch nicht so schlimm ist, für eine Liebe seine Heimat aufzugeben.*

BERND »Das leuchtet mir alles ein, aber meinen Beruf will ich hier bestimmt nicht aufgeben.«

CORSSEN *Das wäre vermutlich auch nicht gut. Wenn Sie es tun und später einmal Streit mit Ihrer Freundin haben, würden Sie ihr genau das vorwerfen.*

BERND »Aber dieses Abwarten ist auch nicht einfach.«

CORSSEN *Nein, bestimmt nicht. Andererseits, wenn Sie beide wirklich ein Paar werden und das Leben miteinander verbringen wollen, dann kann man auch ein paar Monate oder ein Jahr getrennt aushalten. Und wenn Sie das nicht durchhalten, weil Ihre Freundin Sie damit erpreßt, Schluß zu machen, falls Sie nicht gleich zurückkommen, dann war ihre Liebe zu Ihnen vielleicht doch nicht so groß.*

BERND »Soll ich jetzt Schluß machen?«

CORSSEN *Nein, auf keinen Fall, halten Sie weiterhin Kontakt, schreiben Sie ihr Briefe, rufen Sie sie an. Erklären Sie Ihrer Freundin, wie gerne Sie sie haben, daß aber im Augenblick der Beruf vorgeht.*

BERND »Anfangs haben wir uns jede Woche einen Brief geschrieben, aber die Abstände wurden immer größer.«

CORSSEN *Es ist auch nicht einfach, eine Beziehung auf so eine Entfernung lange aufrechtzuerhalten. Aber wenn eine Liebe leicht verblaßt, dann war sie auch nicht so stark. Sie sollten wirklich akzeptieren, daß weder Sie noch Ihre Freundin für diese Liebe Opfer bringen wollen. So groß ist sie also vielleicht gar nicht. Warten Sie also ab.*

Anruf von Rosemarie (37):
Sie ist erfolgreich im Beruf, verheiratet,
wünscht sich jetzt ein Kind.
Dann müßte sie aber ihren Job aufgeben.
Sie weiß nicht, wie sie sich entscheiden soll

CORSSEN *Wie steht Ihr Mann zu dieser Frage?*

ROSEMARIE »Er hätte nichts gegen ein Kind. Aber es ist auch nicht so, daß er sich dringend eines wünscht. Er ist freiberuflich und hat viele Aufträge. In der Freizeit ist er sportlich ziemlich aktiv. Er meint, es ist alleine meine Entscheidung, ob ich ein Kind will oder nicht.«

CORSSEN *Wie sieht denn Ihr Tagesablauf so aus?*

ROSEMARIE »Ich fange gegen neun Uhr morgens in einem Graphikbüro an. Abends geht das oft ziemlich lange. Wir sind ein kreatives Team, und da wird nicht mit Stechuhr gearbeitet. Manchmal sind wir bis 21 Uhr und noch länger im Büro. Mir macht das nichts aus.«

CORSSEN *Das klingt nach starkem beruflichen Engagement.*

ROSEMARIE »Ja, ich bin jetzt genau in der Situation, wo ich mich in eine Position hinaufgearbeitet habe, in der ich ziemlich selbständig bin. Ich habe Kunden, die nur mit mir zusammenarbeiten wollen. Das macht natürlich Spaß.«

CORSSEN *Trotzdem haben Sie plötzlich die Idee, lieber eine Karriere als Mutter zu beginnen.*

ROSEMARIE »Ich denke halt, daß es auch viel Spaß mit Kindern macht.«

CORSSEN *Wie lange überlegen Sie schon, ob Sie ein Kind haben wollen?*

ROSEMARIE »Nicht erst seit kurzem. Im Grunde spiele ich schon seit sechs Jahren mit dem Gedanken. Seit ich verheiratet bin und die Umstände fürs Kinderkriegen günstig sind.

CORSSEN *Also seit sechs Jahren entscheiden Sie sich auch täglich gegen ein Kind. Wenn Sie es wirklich haben wollten, dann hätten Sie es schon längst.*

ROSEMARIE »Ich habe Angst, meine Karriere gegen das Hausfrauendasein einzutauschen. Wenn man erfolgreich ist wie ich, dann fällt es bestimmt schwer, den Beruf aufzugeben.«

CORSSEN *Sie könnten sich bestimmt auch eine Kinderfrau leisten.*

ROSEMARIE »Aber das will ich nicht. Wozu habe ich ein Kind, wenn ich es dann anderen Menschen überlasse.«

CORSSEN *Vielleicht ist es für Sie genauso beglückend, mit einem Kind zusammen zu sein, wie im Beruf Erfolg zu haben. Das kann man natürlich nie vorher wissen. Aber bis jetzt war Ihnen der berufliche Erfolg auf alle Fälle wichtiger. Was sind wirklich Ihre Gründe, warum Sie jetzt so intensiv über Kinderkriegen nachdenken?*

ROSEMARIE »Irgendwie denke ich, daß es doch richtig ist, ein Kind zu bekommen. Deswegen heiratet man doch auch. Und wenn ich so meine Freundinnen sehe, die kleine Kinder haben, werde ich manchmal traurig, wünsche mir auch eines. Andererseits bin ich nach einem anstrengenden Tag froh, wenn es zu Hause ruhig ist.«

CORSSEN *Überlegen Sie genau, warum Sie wirklich ein Kind wollen. Bis jetzt haben Sie sich jedesmal für die Karriere entschieden. Vielleicht steckt in Ihnen nur so ein Schuldgefühl, weil Sie im Hinterkopf die Idee haben, daß die wirkliche Bestimmung einer Frau darin liegt, Kinder zu bekommen. Sie haben den Eindruck, daß die Gesellschaft, die Freunde, die Bekannten das von Ihnen erwarten.*

ROSEMARIE »Ich habe nicht mehr soviel Zeit zum Kinderkriegen. Wenn ich es jetzt nicht tue, bereue ich es womöglich im Alter.«

CORSSEN *Das ist die beste Verliererstrategie, die Sie jetzt betreiben. Sie können Ihr Alter in tiefster Depression verbringen, wenn Sie sich täglich hinsetzen und überlegen, was Sie alles hätten besser oder anders machen können. Bevor Sie entscheiden, ob es für Sie richtig ist, ein Kind zu bekommen, sollten Sie darüber nachdenken, welche Einstellung Sie zum Leben haben. Meine Idee ist es, daß Sie sich bisher stimmig verhalten haben, und wenn Sie jetzt so eine einschneidende Lebensveränderung vorhaben, müßten Sie wohl auch Ihr Glück und Ihre Selbstverwirklichung neu definieren. Wenn man weiß, wo man hin will, ergeben sich Entscheidungen von alleine.*

ROSEMARIE »Aber ist das nicht zu egoistisch, nur für sich zu leben? Meine Freundinnen sagen immer zu mir, ich hätte es gut, ich würde es mir leicht machen, weil ich kein Kind habe.«

CORSSEN *Warum sollen Sie es sich schwer machen? Ich finde es viel egoistischer, ein Kind zu bekommen, nur um Forderungen der Gesellschaft zu erfüllen. Ich habe den Eindruck, daß Sie auch deswegen ein Kind wollen, um perfekt zu sein. Das ist egoistisch. Erst wenn Sie genau wissen, daß Sie sich jeden Tag mit Ihrem Kind beschäftigen wollen, mit ihm lachen und weinen wollen, hätte das Kind bei Ihnen eine Chance. Vielleicht gelingt es Ihnen nach unserem Gespräch, die Frage nach dem Kinderkriegen aus einer ehrlichen, weniger sentimentalen Sicht zu sehen.*

Anruf von Lena (25):
Sie hat sich nach zwei Jahren Ehe in einen anderen verliebt und ihren Mann verlassen.
Sie weiß aber nicht, ob diese Entscheidung richtig war

CORSSEN *Was war der Grund, warum Sie sich von Ihrem Mann getrennt haben?*

LENA »Eigentlich waren es viele Gründe. Nichts wirklich Schwerwiegendes, aber lauter kleine Ärgernisse. Mein Mann hat mich mit zuviel Zuneigung einfach erdrückt. Irgendwann konnte ich das nicht mehr erwidern. Ich bekam neben ihm buchstäblich keine Luft mehr. Gelangweilt habe ich mich auch. Wir haben nie etwas unternommen, saßen immer nur zu Hause vor dem Fernseher. Das hat mich angeödet.

CORSSEN *Und mit Ihrem neuen Freund ist alles schöner?*

LENA »Viel schöner. Er ist offener, zärtlicher, geht mehr auf mich ein. Ich habe das Gefühl, wieder zu leben. Wir haben immer etwas vor. Neben meinem Mann fühlte ich mich oft wie erstarrt.«

CORSSEN *Aber warum überlegen Sie dann überhaupt noch, zu ihm zurückzukehren?*

LENA »Mein Mann schwört, daß er sich geändert hat. Er will, daß wir wieder zusammenleben. Er hat zwar jetzt eine Freundin, aber er sagt immer, daß wir beide noch zusammengehören. Und irgendwie hänge ich auch noch an ihm. Soll ich zu ihm zurückkehren? Womöglich stehe ich dann nach ein paar Monaten wieder vor einem Scherbenhaufen. Ich weiß nicht, was ich machen soll.«

CORSSEN *Was ist denn so Ihre Idee von Leben? Sie haben ja schon gesagt, Sie wünschen sich mehr Zärtlichkeit, mehr Spontaneität, mehr Gemeinsamkeit. Das finden Sie offenbar doch alles bei Ihrem neuen Freund. Da wundert es mich, daß Sie trotzdem überlegen, in die Situation zurückzukehren, die Ihnen so wenig behagte.*

LENA »Vielleicht hat sich mein Mann ja wirklich geändert.«

CORSSEN *Angenommen, er hätte sich also wirklich verändert, er wäre nicht mehr eifersüchtig und würde mit Ihnen mehr unternehmen. Würden Sie dann wirklich lieber mit ihm als mit Ihrem Freund zusammenleben?*

LENA »Glaub' ich nicht, ich mag ja meinen Freund viel lieber.«

CORSSEN *Dann wird es jetzt schwierig herauszufinden, warum Sie so schwanken. Vielleicht ist es auch Mitleid, daß Sie Ihrem Mann helfen wollen?*

LENA »Mitleid? Sicher, er tut mir leid. Ich war mehr oder weniger seine große Liebe, aber Mitleid ist doch keine Basis für eine Partnerschaft. Oder?«

CORSSEN *Also, das kann ich Ihnen nicht sagen. Das müssen Sie selbst für sich entscheiden, ob Mitleid wirklich als Basis für Ihre Ehe reicht.*

LENA »Ich kenne halt meinen Mann gut. Ich weiß, was für Gewohnheiten er hat, wie er in verschiedenen Situationen reagiert. Mir macht Angst, was mir in der neuen Beziehung alles bevorstehen könnte. Vielleicht habe ich lieber das Gewohnte, selbst wenn es schlechter ist.«

CORSSEN *Das klingt so, als würden Sie mehr auf Sicherheit als auf Liebe setzen.*

LENA »Das wäre aber auch nicht richtig, oder?«

CORSSEN *Ich weiß nicht, was für Sie richtig oder falsch ist. Aber wenn Sie Liebe wollen, müssen Sie auch das Risiko eingehen. Liebe kann sich dauernd verändern. Vielleicht wird sie irgendwann weniger, die Gefühle vergehen, man wird verlassen. Das ist das Risiko. Aber vielleicht wollen Sie ja auch nicht er-leben, sondern über-leben, so im biologischen Sinn. Dann wäre es bestimmt gut, wenn Sie Sicherheit haben und zu Ihrem Mann zurückkehren. Für Sie lautet daher die Frage: Entscheide ich mich für Sicherheit oder für Liebe. Wenn Sie zur Liebe bereit sind und dafür auch eventuell Kummer und Schmerzen, die zum Leben dazugehören, ertragen wollen, dann sollten Sie bei Ihrem Freund bleiben. Aber wenn Sie sagen, nein, für mich ist Geborgenheit und Vertrautheit wichtig, und ich bin glücklich, wenn ich vom Gewohnten umgeben bin, dann brauchen Sie Sicherheit und Ihren Mann. Bei dem wissen Sie genau, wie er sein Schnitzel ißt und was passiert, wenn Sie es falsch braten. Wenn Sie sich entschließen, zu ihm zurückzukehren, so ist das keine Schwäche, sondern ein Fortschritt hin zu Ihrem Ziel. Ich wünsche Ihnen auf alle Fälle viel Mut für Ihre Entscheidung.*

Die beste Entscheidung garantiert noch kein Glück

Viel Kummer, Gefühle des Gelähmtseins und Selbstvorwürfe entstehen durch Entscheidungsschwierigkeiten. Folgende Punkte sollte man bedenken, um sich von dieser quälenden Unfähigkeit zu befreien.

1. Man muß sich darüber bewußt sein, was man für sich als so wichtig erachtet, daß man wagt, es auch gegen die Meinung und die Trauer anderer durchzusetzen und ohne Schuldgefühle zu leben.

2. Wer annimmt, daß es eine einzige und richtige Entscheidung für sein zukünftiges Glück gibt, täuscht sich! Kein Wunder, daß man zögert, sich zu entscheiden, wenn man seinem Entschluß solche Bedeutung zukommen läßt. Leid, Schmerz und Trauer sind intensive Gefühle, die zum Leben gehören.

3. Wichtig ist es, auch die Lektion zu lernen, daß man nicht alles gleichzeitig haben kann.

4. Auch keine Entscheidung ist eine Entscheidung. Der Mensch entscheidet sich, biologisch gesehen, automatisch für das geringere Übel. Also ist aus dieser Sicht seine gegenwärtige Lebenssituation immer noch die beste. Alles andere ist in seiner Vorstellung noch bedrohlicher und schlimmer. Ich meine, daß alle guten Entscheidungen, die auf das Ziel Liebe und Glück hin getroffen werden, sich hinterher als falsch herausstellen, weil es ja trotzdem immer wieder Leid und Enttäuschung gibt. Meine Idee also: Es gibt im emotionalen Bereich keine ›richtige‹ Entscheidung für immerwährendes seelisches Glück. Richtig ist es, sich überhaupt zu entscheiden. Das erzeugt Lebendigkeit!

SEXUALITÄT UND FRAUEN

Anruf von Gudrun S. (29): Warum hat sie plötzlich keine Lust mehr, mit ihrem Freund zu schlafen. Sie befürchtet, daß er sie deswegen verlassen wird

CORSSEN *Hatten Sie von heute auf morgen keine Lust mehr, mit ihm zu schlafen?*

GUDRUN »Nein, eigentlich ist das über einen längeren Zeitraum hinweg passiert. Dabei bemüht sich mein Freund um mich, versucht zärtlich zu sein. Ich liebe ihn, und wir verstehen uns sonst wunderbar. Aber ich habe einfach keine Lust auf Sex.«

CORSSEN *Und Sie schlafen mit ihm, obwohl Sie nicht wollen?*

GUDRUN »Nein!«

CORSSEN *Das finde ich gut. Aber vermutlich gibt es deswegen auch Streß in der Beziehung?*

GUDRUN »Und wie! Wir haben ja auch schon versucht, uns offen darüber zu unterhalten. Aber ich kann nicht genau sagen, warum ich jetzt keine Lust mehr habe. Früher war das ja nicht so.«

CORSSEN *Ist es Ihnen in früheren Beziehungen schon einmal passiert, daß Sie irgendwann keinen Spaß mehr an Sex hatten?*

GUDRUN »Eigentlich nicht.«

CORSSEN *Manchmal will man mit dem Partner nicht mehr ins Bett gehen, weil man sich in einen anderen verliebt hat oder weil er irgend etwas gemacht hat, was einem nicht gefällt. Haben Sie vielleicht allgemein Sorgen in anderen Bereichen?*

GUDRUN »Also, einen anderen Mann gibt es nicht, aber ich habe berufliche Sorgen. Aber ob es daran liegt? Irgendwie ist mir die ganze Sexualität auch langweilig. Abends zögere ich das Ins-Bett-Gehen meistens so lange hinaus, bis mein Freund eingeschlafen ist. Ich habe deswegen schon ein schlechtes Gewissen.«

CORSSEN *Mein Denkanstoß für Sie ist: Werfen Sie sich nicht vor, daß es jetzt so ist. Es gibt immer mal Zeiten, wo die Sexualität nicht so wichtig ist. Und Sie haben ja auch angedeutet, daß Sie Sorgen mit sich herumschleppen. Das beschäftigt Sie im Augenblick wahrscheinlich mehr. Steigern Sie sich wegen Ihrer momentanen Unlust nicht in eine Panik hinein. Reden Sie aber auch nicht zuviel darüber. Wenn Sie jetzt dauernd mit Ihrem Freund darüber diskutieren, wird die Angelegenheit dramatisiert und damit zwanghaft und künstlich. Gestatten Sie sich einfach, daß Sie zur Zeit keine Lust aufs Bett haben.*

GUDRUN »Aber wenn das länger geht?«

CORSSEN *Dann geht es eben länger. Mein Lieblingssatz über Sex ist ein englischer Spruch und lautet:* »*If you are hot, you are hot, and if you are not, you are not.*« *Alle anderen Sachen über Sex, alle Normen dienen der Manipulation. Tun Sie genau das, worauf Sie Lust haben. Sie können Ihren Freund auch ohne Sex lieben.*

GUDRUN »Er wird glauben, daß ich ihn nicht mehr begehrenswert finde.«

CORSSEN *Sagen Sie ihm, daß Sie ihn lieben. Diskutieren Sie nicht mit ihm über Sex. Sie gestatten sich jetzt zwei, drei Monate, nicht mit ihm zu schlafen. Sagen Sie ihm das aber vorher. Kein Sex, aber kuscheln und zärtlich sein. Und wenn er mehr will, sagen Sie ihm: Du weißt doch, ich will nicht. Das hat nichts mit dir zu tun, ich bin nicht gut drauf im Augenblick. Keine Diskussion. Und wenn Sie auch nach Monaten keine Lust auf Sex haben, dann ist das auch nicht das Schlimmste: Man kann einen Menschen lieben, man kann ihn sogar heiraten, ohne mit ihm zu schlafen. Sex ist nicht die Grundlage für eine gute Ehe.*

**Anruf von Ulrike F. (20):
Seit sie vor einigen Jahren
brutal vergewaltigt wurde,
hat sie Angst vor Sex.
Sie glaubt, daß sie deswegen
auch keinen Freund findet**

CORSSEN *Wovor haben Sie am meisten Angst, wenn Sie an Sex denken?*

ULRIKE »Ich habe noch nie eine Beziehung gehabt. Nicht vor diesem schrecklichen Tag, als ich vergewaltigt wurde, und hinterher auch nicht. Ich habe seitdem einfach Angst vor Männern. Ich verschließe mich völlig. Aber wenn ich vielleicht einen Mann kennenlernen würde, der mir sympathisch wäre, dem ich vertrauen könnte, dem könnte ich mich auch öffnen. Aber bisher habe ich in der Hinsicht nur Enttäuschungen erlebt. Die Männer haben sich nicht mehr gemeldet.«

CORSSEN *Erzählen Sie.*

ULRIKE »Bis auf diese schlimme Sache habe ich mit Männern noch nie näheren Kontakt gehabt. Ich habe es mit einer Anzeige probiert. Da haben auch welche geschrieben. Zwei waren mir sympathisch, und ich rief sie an. Die Gespräche sind auch tiefer gegangen, und der eine hat gleich gesagt, daß er mit seiner früheren Freundin Oralverkehr hatte. Das hat mich total abgeschreckt, ich finde das pervers.«

CORSSEN *Ich finde das Wort pervers nicht glücklich gewählt, weil es häufig Leute abwertet, die ganz normale Menschen sind. Ich meine, daß Sie auf keinen Fall etwas machen sollen, was Ihnen nicht gefällt, und daran zerbricht keine Beziehung. Aber das ist vermutlich nicht Ihr Problem. Ich habe das Gefühl, daß Sie Ihre Angst vor der Sexualität dramatisieren und daß sich deswegen die Männer häufig zurückziehen. Das erste, was Sie beherzigen sollten, ist, daß Sie den Männern, denen Sie begegnen, schon andeuten, daß Sie sich nach Zärtlichkeit sehnen, daß Sie aber ängstlich sind und viel Verständnis brauchen.*

ULRIKE »Soll ich auch gleich sagen, daß ich noch keine Beziehung hatte? Ich habe mir schon überlegt, ob es besser wäre, wenn ich nichts von meinem schlimmen Erlebnis erzählen würde. Aber die Männer fragen ja immer gleich, wie das mit dem letzten Freund war und so. Und da habe ich mir gedacht, daß es doch ehrlicher ist, wenn ich einem Mann gleich von Anfang an sage, daß ich vergewaltigt wurde.«

CORSSEN *Das ist schon richtig, aber ich meine, Sie sollten die Vergewaltigung nicht hochspielen. Es reicht, wenn Sie sagen: Ich hatte mal ein schlechtes Erlebnis, da hat man mir Gewalt angetan und seitdem bin ich ängstlich und vorsichtig. Das will ich aber gar nicht sein, weil ich mir vorstelle, daß Liebe sehr schön sein kann. Also wenn Sie das einem Mann sagen und es Ihnen gelingt, auch in anderen Bereichen eine Beziehung zu ihm aufzubauen, wird er bestimmt Rücksicht auf Sie nehmen.*

ULRIKE »Aber ist es normal, wenn ein Mann von einer Frau Oralverkehr verlangt? Davor habe ich Angst, wenn ich jetzt einem netten Mann begegne.«

CORSSEN *Nein, das versuche ich Ihnen ja zu erklären, daß eine Liebe nicht daran zerbricht, wenn Sie zu bestimmten Sex-Praktiken keine Lust haben. Sie müssen es nur schaffen, auch in anderen Bereichen Vertrauen zu schaffen. Wichtiger als die Sexualität und der Oralverkehr ist doch zunächst das Vertrauen, die starke menschliche Beziehung.*

ULRIKE »Der eine nette Mann, den ich über die Anzeige kennenlernte und mit dem ich sogar viele Interessen teilte, der sagte mir glatt, daß es mit uns beiden keinen Sinn hätte, wenn ich zu solchen Sachen nicht bereit wäre.«

CORSSEN *Da haben Sie eben mit diesem Herrn Pech gehabt. Und jetzt sind Sie verschreckt. Also ich kann Ihnen aus meiner Arbeit als Therapeut sagen, daß es sehr viele Dinge gibt, die Menschen miteinander machen, und da würden Sie vielleicht wirklich einen kleinen Schrecken kriegen, wenn Sie das alles wüßten. Und doch sind es normale Menschen, denen eben genau diese Sachen Spaß machen.*

ULRIKE »Ich habe, um mich aufzulockern, ein Buch über Sex gelesen. Also mich hat schockiert, was da alles steht.«

CORSSEN *Wissen Sie, Sie gehen jetzt im Augenblick – weil Sie die Sexualität momentan noch mit zu wenig Gefühl anreichern können – zu technisch vor. Fröstelnd lesen Sie diese Dinge. Sie können damit aufhören! Sie steigern sich nur in etwas hinein.*

ULRIKE »Aber ich habe Angst, wenn ich jemanden kennenlerne, daß er dies alles verlangt. Und wenn ich ablehne, sucht er sich eine andere.«

CORSSEN *Nochmals, wenn Sie im Sex etwas nicht mögen, müssen Sie es auch nicht tun. Und wenn ein Mann darauf keine Rücksicht nimmt, dann ist es nicht der richtige Mann. So einfach ist das. Und hören Sie auf, Mann immer nur mit Sexualität zu verbinden. Es gibt auch Männer, die Frauen mögen, die fürsorglich und lieb sind. Alles, was Sie zum Beispiel einem Mann auch bieten können. Sie müssen in Ihrem ganzen Leben keinen Oralverkehr oder sonstwas machen und können trotzdem eine schöne Liebe erleben. Das verspreche ich Ihnen.*

ULRIKE »Ich möchte Ihnen wirklich glauben. Aber die meisten Männer denken nur an das eine. Für die ist es das Wichtigste. Ich habe musikalische Interessen und würde die gerne mit einem Partner teilen. Aber ich habe herausgefunden, daß es immer nur auf das eine Thema hinausläuft.«

CORSSEN *Wenn Sie sich darauf versteifen, daß Männer nur Sex wollen, werden Sie auch kaum etwas anderes erleben. Sie haben da eine Art Rabattmarken-Heftchen bei sich, und jedesmal, wenn ein Mann über Sex spricht, sagen Sie sich: Aha, ich hab's doch gleich gewußt. Schon kleben Sie wieder Märkchen in Ihr Heftchen, und wenn es eines Tages voll ist, dann haben Sie wohl recht gehabt, aber Sie haben auch keine Liebe. Man findet das, woran man glaubt. Suchen Sie nach Liebe, nach Gefühlen, nach Männern, mit denen Sie musizieren und schmusen können. Ich gehe jede Wette mit Ihnen ein, daß Sie genau diese Männer finden werden, nach denen Sie suchen, wenn Sie daran glauben.*

Anruf von Dörte (30): Sie hat sich in eine andere Frau verliebt, wagt aber nicht, ihre erotischen Gefühle einzugestehen

---

CORSSEN *Ist es das erste Mal, daß Sie sich für eine Frau erotisch interessieren?*

DÖRTE »Ja, bis jetzt hatte ich immer nur mit Männern sexuelle Beziehungen.«

CORSSEN *Sind Sie irritiert oder verwirrt, daß Sie sich in eine Frau verlieben können?*

DÖRTE »Ziemlich. Zwar liefen meine Beziehungen zu Männern nie so toll ab, aber auf Grund meiner Erziehung hätte ich mir auch nie vorstellen können, daß ich mich in eine Frau verliebe.«

CORSSEN *Haben Sie für diese Frau erotische Gefühle? Empfinden Sie Zärtlichkeit für sie, möchten Sie sie streicheln?*

DÖRTE »Ja.«

CORSSEN *Und können Sie sich vorstellen, mit dieser Frau zu schlafen?*

DÖRTE »Schon.«

CORSSEN *Was gefällt Ihnen an dieser Frau?*

DÖRTE »Vielleicht ist es die Vertrautheit, weil es einfach eine Frau ist. Sie nimmt mir meine ganzen Ängste, die ich vor mir habe. Wenn wir zusammen sind, reden wir viel, aber nie direkt über Sex.«

CORSSEN *Sie merken also, daß Sie von ihr begehrt werden, daß sie Sie auch mag und zärtlich mit Ihnen werden möchte?*

DÖRTE »Absolut. Sie hält schon noch die Grenzen ein, weil sie merkt, daß ich momentan damit noch nicht klarkomme.«

CORSSEN *Daß Sie sich so wohl bei ihr fühlen, daß Sie sich auch zum erstenmal vorstellen können, mit einer Frau zu schlafen, liegt bestimmt daran, daß Sie sich verstanden und geborgen fühlen.*

DÖRTE »Ich fühle mich wirklich von ihr verstanden, aber wie kommen diese erotischen Gefühle zustande?«

CORSSEN *Ein Mann kann eine Frau nicht so gut verstehen wie eine Frau eine Frau. Das gilt auch für die Sexualität, da wissen Frauen über Frauen besser Bescheid und können viel zärtlicher sein. Vielleicht sind Sie so verliebt, weil Sie eben in allen Bereichen Verständnis und Geborgenheit verspüren. Ein natürlicher Prozeß: Erst kommt das Gefühl des Vertrauens, dann möchte man dieser Zärtlichkeit Ausdruck geben, und das geht in das Körperliche. Sie sind das vermutlich bei Männern gewohnt, nicht aber, daß Ihnen das auch bei einer Frau passieren kann.*

DÖRTE »Ich begreife das allmählich, aber wie bringe ich es meinen Eltern bei? Ich habe schreckliche Angst vor ihrer Kritik.«

CORSSEN *Meinen Sie nicht, daß Sie da etwas zu dramatisch reagieren? Sie haben bis jetzt noch keinen intimen körperlichen Kontakt mit dieser Frau gehabt. Was wollen Sie Ihren Eltern beichten? Sie sollten Ihre Gefühle als eine sehr normale menschliche Reaktion einschätzen und sich selbst die Erlaubnis geben, Ihren Gefühlen nachzugeben. Es könnte sein, daß Sie nur Sehnsucht nach Umarmungen und Zärtlichkeit haben. Vielleicht gefällt Ihnen die Sexualität mit einer Frau dann doch nicht.*

DÖRTE »Trotzdem habe ich Angst, daß ich diskriminiert werde, wenn andere von meiner Neigung erfahren. Ich habe viel darüber nachgedacht und bin entsetzt über die möglichen Konsequenzen.«

CORSSEN *Ich sehe eher die Gefahr, daß Sie sich durch zuviel Nachdenken in eine Situation hineinsteigern und sich da festlegen. Sie fragen sich jetzt dauernd, ob Sie lesbisch sind. Aber das ist nicht das Thema. Das Thema im Augenblick ist, daß Sie einen Menschen lieben und dieser Mensch ist eine Frau. Und Sie haben Lust, diesen Menschen in den Arm zu nehmen und zärtlich zu ihm zu sein. Wenn Sie feststellen, daß Sie das gut finden, können Sie sich noch immer dem Thema zuwenden, ob Sie lesbisch sind. Und dann haben Sie genügend Zeit, sich zu überlegen, ob Sie sich dazu bekennen oder es verheimlichen. Aber Sie dürfen sich nicht vorweg an den Pranger stellen und rufen: Seht mich an, ich bin eine Sünderin! Ich bin nicht so, wie ich sein sollte. Abschließend möchte ich Ihnen Mut machen, zu Ihren Gefühlen zu stehen. Werden Sie bloß nicht verklemmt. Schauen Sie, was Ihnen diese Beziehung bringt, und erst dann werden Sie sehen, wie Sie damit umgehen.*

Genießen kann nur, wer sich selbst entdeckt

In der Sexual- und Ehetherapie stelle ich oft fest, wie selten sich Frauen eine Vorstellung, ein genaues Bild von ihrer Sexualität machen. Auf die Frage, wie sie sich den Ablauf einer sexuellen Begegnung vorstellen und was ihnen Spaß macht, bekomme ich Antworten wie »Ach, das ergibt sich so« oder »Naja, ich mache eben mit, so wie er möchte«! Kein Wunder, daß sich diese Frauen auf Dauer vom sexuellen Geschehen überfordert fühlen und sich zurückziehen.

Oder aber sie entwickeln wegen ihrer sexuellen Unlust den Komplex, frigide zu sein und meinen, ihre geringe gefühlsmäßige Beteiligung durch Dienstleistungen im Bett wiedergutmachen zu müssen. Aber dieser kompensatorische Service-Gedanke behindert immer mehr Hingabe, Leidenschaft und Lust. Eine gute Geliebte ist nicht die, ›die alles mitmacht‹, sondern jene Frau, die sich fallen läßt, die die Sexualität genießt.

Wenn man sich also gegen sein Bedürfnis verhält, ist man nicht liebevoll zu sich. Ich möchte der verunsicherten Frau Mut machen, ›ihre‹ Art von Sexualität zu entdecken, sich zu ihr zu bekennen und sie auch zu leben. Selbstbewußt und dennoch sensibel, kann sie den Partner, besonders am Anfang der Beziehung, in die gewünschte Richtung lenken.

Wenn man mit der Sexualität spielerisch umgeht, wird sich auch der Partner lockern und mitspielen. Diese spontane Selbstverständlichkeit ist am besten durch Selbstsuggestions- und Visionsübungen zu erreichen. Die häufige Wiederholung positiver Gedanken wie »Ich bin zärtlich«, »Ich genieße die Sexualität«, »Ich lasse mich gehen«, wird sich irgendwann in Verhalten umsetzen. Und die Vision – also das eigene Wunschbild vom Verlauf einer beglückenden Sexualität – versenkt man im entspannten Zustand, vielleicht jedesmal beim Einschlafen, in sein Unterbewußtsein.

So färbt man mit dieser schon vorweggenommenen Zielvorstellung seine tieferen seelischen Schichten mit Vertrauen und Freude und wird sich so mit der Zeit von ›innen heraus‹ verhalten.

SEXUALITÄT UND MÄNNER

**Anruf von Ulrich M. (26):
Seit Monaten hat er
keine Lust mehr auf Sex.
Jetzt hat er Angst,
daß daran die Beziehung zu seiner
Freundin zerbrechen könnte**

CORSSEN *Wie lang sind Sie mit Ihrer Freundin zusammen?*

ULRICH »Knapp zwei Jahre.«

CORSSEN *Hatten Sie am Anfang mehr Lust, mit ihr zu schlafen?*

ULRICH »Auch nicht viel mehr. Ich empfinde einfach zu wenig.«

CORSSEN *Meinen Sie damit, daß Sie keinen Orgasmus bekommen?*

ULRICH »So ungefähr.«

CORSSEN *Aber warum schlafen Sie dann mit ihr?*

ULRICH »Das muß man doch tun, wenn man eine Freundin hat. Das gehört irgendwie dazu.«

CORSSEN *Sie schlafen also mit ihr, weil sie sonst denkt, Sie mögen sie nicht.*

ULRICH »Ja! Es muß doch sein.«

CORSSEN *Ich meine, daß es auch Beziehungen gibt, in denen man nicht miteinander schläft. Wenn Sie aber davon ausgehen, daß das ein Gesetz ist, dann machen Sie sich natürlich Streß — und auf Dauer wird es immer schwieriger. Ich meine, daß die Liebe nicht aus Sex besteht, sondern aus Zärtlichkeit und anderen Dingen.*

ULRICH »Ich nehme sie auch in die Arme und wir kuscheln. Was kann ich noch tun?«

CORSSEN *Bewußt können Sie gegen diese Unlust nichts tun. Weil es keinen Sinn hat zu schimpfen: Verdammt, was ist los mit mir. Man kann sich nicht selbst befehlen, Lust zu verspüren.*

ULRICH »Was soll ich machen? Ihr sagen, o.k., ich bin impotent?«

CORSSEN *Haben Sie mit Ihrer Freundin schon einmal darüber gesprochen, daß es Ihnen an sich nicht wichtig ist, mit ihr zu schlafen?*

ULRICH »Nein, ich mag nicht mit ihr darüber sprechen. Sonst geht die ganze Verbindung vielleicht flöten.«

CORSSEN *Das kann auch ein großer Irrtum sein. Wenn Sie dieses Problem nicht mit ihr besprechen, wird sich Ihre Freundin auf Dauer nicht begehrt fühlen. Sie wird spüren, daß es Ihnen keinen Spaß macht. Wahrscheinlich wird sie glauben — sehr häufig ist das so —, daß es an ihr liegt, und am Ende wird sich eine größere Beziehungsstörung entwickeln, als wenn Sie zu ihr ehrlich gewesen wären.*

ULRICH »Bei mir kommt noch hinzu, daß ich immer, wenn ich mit ihr schlafe, männliche Fantasien habe. Das kann ich meiner Freundin doch nicht erzählen.«

CORSSEN *Sie stellen sich eher einen Mann vor?*

ULRICH »Ja, trotzdem möchte ich nicht mit einem Mann schlafen. Aber ich habe Angst, daß in mir so eine homosexuelle Tendenz ist. Dabei stehe ich wirklich nur auf Frauen.«

CORSSEN *Sie gefährden Ihre Beziehung, wenn Sie Gedanken und Gefühle weiter so verstecken und sich streng nach gesellschaftlichen Zwängen richten. Etwa in die Richtung: Man muß ja mit seiner Freundin schlafen. Egal, ob man Lust hat oder nicht.*

ULRICH »Ich mag sie ja gerne und liebe sie auch. Aber wenn das mit dem Bett nicht klappt, sollten wir uns vielleicht trennen.«

CORSSEN *Wieso glauben die Leute immer, daß Liebe und Sex eins sind? Es wäre doch schade, wenn Sie sich von einer Freundin trennen, mit der Sie eine wunderbare Beziehung haben. Sie schenken sich gegenseitig offenbar Verständnis und Geborgenheit. Das ist beneidenswert und nicht so schnell ersetzbar. Ich würde Ihnen raten, offen mit Ihrer Freundin zu reden und ihr zu sagen: Ich habe Angst es auszusprechen, aber ich habe nicht mehr das große Bedürfnis, mit dir zu schlafen. Für mich ist die Zärtlichkeit, das Streicheln und das Kuscheln wichtiger. Wenn ich mit dir schlafe, bringt es mir nicht viel, aber ich mache es, weil ich denke, dir macht es Spaß.*

ULRICH »Vielleicht braucht sie den Sex wirklich. Und dann geht die Beziehung in die Brüche...«

CORSSEN *Wenn Sie verheimlichen, was Sie bewegt, geht die Beziehung noch viel eher in die Brüche, weil Sie permanent lügen. Für mich ist das größte Kriterium für Liebe, daß man möglichst ehrlich über sich und seine Gefühle redet. Und es ist noch lange nicht heraus, daß Sie von Ihrer Freundin verlassen werden, weil Sie nicht so gerne mit ihr schlafen. Wenn Sie ihr erklären, warum, wird sie sich nicht mehr unattraktiv und schuldig fühlen.*

ULRICH »Betrüge ich sie nicht, wenn ich diese seltsamen sexuellen Fantasien mit Männern habe?«

CORSSEN *Das hängt von Ihrer Definition von ›Betrug‹ ab. Es geht jetzt darum, daß Sie mit ihr ehrlich sind. Und es ist Ihre Sache, was für eine Art von Ehe oder Liebe Sie leben. Wenn Sie sich immer daran orientieren, was ›man‹ zu tun hat, werden Sie eher unglücklich werden und Ihre Beziehungen gefährden.*

Anruf von Reinhard T. (28): Er bekommt im Bett keine Erektion, obwohl er in seine Freundin sehr verliebt ist

CORSSEN *Seit wann haben Sie diese Probleme im Bett?*

REINHARD »Früher hat es bei mir immer gut geklappt. Aber seit einem halben Jahr bin ich mit meiner Freundin zusammen, und da geht plötzlich nichts mehr.«

CORSSEN *Hatten Sie schon früher feste Beziehungen?*

REINHARD »Freundinnen hatte ich schon, aber mit keiner war ich so eng zusammen wie mit meiner jetzigen. Ich hab' sie wahnsinnig gerne. An ihr liegt's bestimmt nicht. Bei mir stimmt etwas nicht.«

CORSSEN *Vielleicht liegt es doch indirekt an Ihrer jetzigen Freundin. Wenn Ihnen dieses Mädchen so gut gefällt, stehen Sie natürlich unter dem Druck, sie sexuell nicht enttäuschen zu wollen. Gerade bei ihr wollen Sie ja alles richtig machen. Aber die Erektion ist eher davon abhängig, daß man entspannt ist und keine Angst hat.*

REINHARD »Also daran habe ich auch schon gedacht.«

CORSSEN *Und was sagt sie zu Ihren Schwierigkeiten?*

REINHARD »Sie nimmt es noch einigermaßen locker.«

CORSSEN *Zur Zeit ist es also eher Ihr Problem?*

REINHARD »Klar, anfangs habe ich es auch nicht so dramatisiert. Aber wenn es halt beim soundsovielten Mal nicht klappt...«

CORSSEN *Ich kann verstehen, daß Sie allmählich nervös werden. Mein Vorschlag: Schlafen Sie sechs Wochen nicht mit Ihrer Freundin.*

REINHARD »Sechs Wochen! Das ist aber hart.«

CORSSEN *Was wollen Sie; es geht doch im Augenblick sowieso nicht. Wenn Sie sich weiter stressen und noch zwei-, drei-, vier- oder fünfmal eine sogenannte Niederlage im Bett erleben, kann es sein, daß bei Ihnen auf Dauer ein zu großer Leistungsdruck entsteht und Ihr Problem größer wird. Reden Sie mit Ihrer Freundin darüber, erklären Sie ihr, daß Sie sexuell unter Erfolgsdruck stehen, und schlagen Sie ihr folgendes vor: Wir machen jetzt mal alles andere, aber wir schlafen nicht miteinander, damit ich mich wieder entspanne.*

REINHARD »Und dann kriege ich ihn wieder hoch?«

CORSSEN *Bestimmt. Aber solange Sie nur darauf fixiert sind, sich ständig zu beobachten, werden Sie garantiert Schwierigkeiten haben. Konzentrieren Sie sich nicht auf den Akt an sich, sondern auf die zärtliche liebevolle Begegnung. Setzen Sie sich nicht selbst unter Streß. Ich wette, daß es dann wieder klappt.*

Anruf von Peter U. (21): Er leidet unter schlimmsten Schuldgefühlen, weil er sich ständig selbst befriedigt

CORSSEN *Wie drücken sich Ihre Schuldgefühle aus?*

PETER »Na ja, ich denke, wenn man onaniert, kann man später nicht mehr richtig mit einer Frau schlafen. Ich versuche es ja zu unterdrücken. Trotzdem mache ich es immer wieder.«

CORSSEN *Haben Sie eine Freundin?*

PETER »Nein, das ist es ja! Ich habe noch mit keinem Mädchen sexuellen Kontakt gehabt. Ich habe auch Angst, daß es gar nicht mehr geht, weil ich onaniere.«

CORSSEN *Es gibt viele junge Männer, die noch nicht mit einer Frau geschlafen haben und wegen der Selbstbefriedigung Schuldgefühle haben. Zunächst darf ich Ihnen versichern, daß auch Männer und Frauen, die schon sexuellen Verkehr haben, immer noch onanieren. Sie sehen also, wie normal das ist. Und es hat auch wenig Sinn, wenn Sie gegen Ihren sexuellen Trieb jetzt ankämpfen und sich kasteien, indem Sie zum Beispiel 20 oder 100 Liegestützen machen. Das ist ein Kampf, der nichts bringt und Sie nur demütigt. Ich kann Ihnen wirklich sagen, daß Onanieren nicht schädlich ist, sofern man dabei keine Schuldgefühle entwickelt.*

Aus physiologisch-medizinischer Sicht ist die Selbstbefriedigung sogar eher gesund, weil Sie, um es salopp auszudrücken, nicht einrosten. Aber wenn Sie sich beim Onanieren schlecht fühlen, wenn Sie sich Vorwürfe machen, sich für undiszipliniert halten, dann ist es schädlich für Sie, weil es auf die Seele, aufs Gemüt schlägt.

PETER »Ich habe halt das Gefühl, daß es eigentlich etwas ist, was man mit jemand anderem haben soll. Irgendwie wird es vorzeitig verbraucht...«

CORSSEN *Es gibt die dumme 1000-Schuß-Theorie. Tausendmal kann ein Mann und dann ist Schluß. Das stimmt natürlich nicht. Wenn man Sex regelmäßig betreibt, ist es wie ein Training: Man kann dann auch länger. Verabschieden Sie sich bitte von der Theorie, daß Sie jetzt alles vergießen und hinterher ist nichts mehr da.*

PETER »Ich mache mir schon Sorgen. Früher habe ich dabei mehr empfunden, jetzt ist es nur noch so ein Drang...«

CORSSEN *Darum sollten Sie sich jetzt keine großen Gedanken machen. Überlegen Sie lieber, wie es dazu gekommen ist, daß Sie bisher noch keinen sexuellen Kontakt hatten.*

PETER »Vermutlich liegt es an meiner Einstellung. Ich bin jetzt ein bißchen offener geworden, aber ich habe immer empfunden, daß das ganze Gerede über Sex und das, was unterhalb der Gürtellinie liegt, übertrieben wurde.«

CORSSEN *Haben Sie die Vorstellung, daß Sie mit dem Sex so lange warten wollen, bis Sie die Frau gefunden haben, die Sie heiraten und mit der Sie Kinder haben wollen?*

PETER »So ungefähr hatte ich es mir mal vorgestellt. Aber jetzt habe ich mich schon etwas aktiver auf die Suche gemacht, um auch endlich eine feste Freundin zu finden. Aber es ist schwierig.«

CORSSEN *Das ist für Sie wohl nicht einfach, weil Sie gewissermaßen einen sexuellen Notstand haben und aufpassen müssen, daß Ihre Suche nicht nur sexuell orientiert ist, sondern daß Sie überhaupt erst einmal eine gefühlsmäßige Beziehung zu einem Mädchen aufbauen.*

PETER »Ich hoffe wirklich, daß mir das gelingt. Mir geht es nicht nur um Sex. Ich will eine Freundschaft.«

CORSSEN *Das glaube ich Ihnen gerne. Als Anfang wäre es deswegen für Sie gut, wenn Sie mit einem Mädchen ausgehen würden, das Sie nett, aber nicht besonders erotisch finden müssen. Einfach nur, um ein Repertoire im Umgang mit dem anderen Geschlecht zu entwickeln. Denn wenn Sie jetzt nur auf die eine warten, kommen Sie womöglich nie zum Zug. Und Ihre Unsicherheit im Kontakt mit Frauen wird noch größer. Also mein Tip: Engagieren Sie sich zuerst im sozialen Bereich. Sozial heißt hier nicht Mann-Frau, sondern eine Mensch-Mensch-Beziehung anstreben. Und in diesem anderen Menschen begegnen Sie dann vielleicht auch der Frau, die Sie sich erträumen.*

PETER »Ich habe nur wenig Kontakte zu anderen Menschen...«

CORSSEN *Sie können zu Kursen und Veranstaltungen der Volkshochschule gehen, in den Gesundheitspark, in Sportgruppen. Gut wäre für Sie auch eine Selbsterfahrungsgruppe. Einfach nur, damit Sie mit anderen Leuten reden und feststellen, daß auch andere nur mit Wasser kochen. Vielleicht sind da auch Mädchen in der Gruppe und Sie hören zu, was die über sich selber sagen, was sie empfinden, wie sie eigentlich sind. Ich glaube, daß Sie ein sehr sympathischer Mann mit vielen Chancen sind. Sie wissen das nur noch nicht. Sie müssen nur mehr aus sich herausgehen und Kontakt mit anderen Menschen aufnehmen.*

Sex
darf kein Service sein

Eine frustrierende Sexualität erschafft atmosphärische Störungen zwischen Liebenden. Der Streß im Bett kann sich langsam auf die gesamte Beziehung ausdehnen. Die Unwissenheit über die Verschiedenartigkeit und Polarität von Animus- und Anima-Sexualität ist häufig der Grund für gestörte Liebesbeziehungen.

Die sogenannte männliche Sexualität (Animus) beinhaltet das Erobern, Eindringen und Stoßen, eine eher aggressive Selbstdarstellung. Die sogenannte weibliche Sexualität (Anima) kann mit ›Sich-Öffnen‹, ›Wärme‹ und ›Empfangen‹ beschrieben werden. Begriffe, die stärker mit der herkömmlichen Auffassung von Liebe verbunden werden. Für ein befriedigendes Sexualleben ist es wichtig, daß die Partner einen Kompromiß finden, der beiden Seiten gerecht wird und daß sie das verschiedenartige Begehren nicht als Lieblosigkeit oder persönliche Abwertung interpretieren. Sexualität kann zu einer Geißel für Liebe und Ehe werden, wenn sie egozentrisch oder unter einem Leistungs- und Serviceaspekt betrieben wird. Übrigens kann es auch einen Rollentausch geben, daß also ein Mann zur Anima- und eine Frau eher zur Animus-Sexualität neigt.

DIE ANGST VOR DER ANGST

**Anruf von Klaus (27):
Er leidet unter dem Gefühl,
ständig etwas verloren zu haben.
Er hat Angst,
nicht ganz normal zu sein**

CORSSEN *Wie äußert sich dieses Gefühl, etwas verloren zu haben?*

KLAUS »Dauernd greife ich nach meinem Geldbeutel, obwohl ich weiß, daß er noch da ist. Sitze ich irgendwo, muß ich wie unter Zwang unter meinen Stuhl schauen, ob ich nicht etwas verloren habe. Und wenn ich nach der Arbeit mein Fahrrad in den Schuppen stelle, überprüfe ich zwei-, dreimal, ob es noch da ist.«

CORSSEN *Wie lange haben Sie schon dieses Verhalten?*

KLAUS »Das habe ich mindestens schon zwei Jahre.«

CORSSEN *Können Sie sich erinnern, ob es vor zwei Jahren eine Situation gab, in der Sie sich überfordert fühlten?*

KLAUS »Komisch, ich hab' das noch nie in Zusammenhang gebracht, aber da war wirklich was: Ich machte einen Lehrgang in einem Bildungswerk, und da waren auch ziemliche Schlägertypen, die alle schikaniert haben. Die brauchten ein Opfer und haben mich ausgesucht. Ich hatte zwar eine furchtbare Wut, konnte mich aber nicht wehren.«

CORSSEN *Konnten Sie sich nicht wehren, weil Sie Angst hatten?*

KLAUS »Ja.«

CORSSEN *Möglich, daß sich daraufhin bei Ihnen das Gefühl einstellte, daß Sie sich nichts mehr zutrauen können. Das passiert oft nach solchen Situationen, wo man überfordert ist. Ich bin sicher, daß Sie noch mehr Kontrollverhalten haben, etwa dauernd die Angst, den Herd angelassen zu haben, oder daß Sie dreimal nachschauen, ob die Türe auch wirklich abgeschlossen ist.*

KLAUS »Ja, das stimmt, ich komme mir schon wie ein Verrückter vor...«

CORSSEN *Also ich kann Ihnen wirklich die Angst nehmen, daß Sie verrückt sind. Was Sie plagt, ist ein bekanntes Verhalten, man nennt es Zwangsverhalten, und davon sind mehr Menschen betroffen, als Sie vielleicht ahnen. Man verläßt das Haus und geht noch zweimal zurück, weil man nicht weiß, ob man das Bügeleisen ausgeschaltet hat oder nicht. Es erscheint zwar unvernünftig, was man tut, und trotzdem steht man wie unter einem Zwang. Sicher haben Sie auch schon mit Ihrem ganzen Willen versucht dagegen anzukämpfen?*

KLAUS »Ja. Ich bin oft an mir verzweifelt.«

CORSSEN *Das glaube ich gerne. Und jetzt sage ich Ihnen etwas: Je mehr Sie dagegen ankämpfen, desto schlimmer wird es. Weil Sie dadurch noch mehr in eine Ohnmachtssituation geraten. Und die Auslösesituation damals war ja eine Ohnmachtssituation. Sie fühlten sich bei dem Lehrgang diesen Leuten da ausgeliefert und wenn Sie sich jetzt wieder ohnmächtig fühlen, indem Sie versuchen, Ihr Zwangsverhalten mit dem Willen unter Kontrolle zu bringen, dann wird es noch schlimmer. Also: Erstens, Sie erlauben sich ab sofort diesen Zwang, zweitens, Sie machen nichts mit dem Willen dagegen und drittens, Sie überlegen sich, was kann ich tun, um wieder mehr Selbstvertrauen zu bekommen oder auch mehr Vertrauen in die Welt. Daß Sie Ihren Augen nicht mehr trauen und immer wieder überprüfen müssen, ob Sie sich nicht verguckt haben und noch alles an seinem Platz liegt, ist ein Symptom dafür, daß Sie sich nicht vertrauen.*

KLAUS »Das Schlimme ist, daß ich auch anderen nicht traue. Dauernd habe ich das Gefühl, bestohlen oder betrogen zu werden. Das ist wirklich deprimierend.«

CORSSEN *Sie sollten sich das ab heute, ab jetzt, nicht mehr vorwerfen. Sagen Sie sich, das hat sich bei mir so entwickelt, und da ist irgend etwas in mir, was mich schützen will vor der Welt, und ich muß herausfinden, was es ist, damit der Zwang wieder verschwindet. Zwang ist nur einfach ein Symptom für Angst. Eigentlich ein sinnvoller Mechanismus: Man fühlt sich bedroht und wiederholt ein Verhalten. Das schenkt kurzfristig Sicherheit, weil man ja wenigstens was tut. Also wichtig ist: Bekennen Sie sich zu Ihrem Zwangsverhalten. Das ist der erste große Schritt. Und vielleicht sollten Sie, wenn es nicht besser wird, zu einem Psychologen gehen.*

Anruf von Knut W. (38): Wie kann er seiner Freundin helfen? Sie hat ständig Angst – vor Dunkelheit, vor tiefem Wasser, sogar beim Spazierengehen

CORSSEN *Wie alt ist denn Ihre Freundin?*

KNUT »24 Jahre.«

CORSSEN *Und hat sie diese Ängste schon immer gehabt oder sind die jetzt erst aufgetreten?*

KNUT »Sie meint, sie hätte diese Ängste schon immer gehabt.«

CORSSEN *Ist das eine konkrete oder mehr unbestimmte Angst, unter der Ihre Freundin leidet?*

KNUT »Schon konkret, sie ängstigt sich zum Beispiel beim Waldspaziergang, daß jemand kommen könnte, oder sie gerät im tiefen Wasser in Panik, obwohl sie gut schwimmen kann. Dadurch können wir nicht viel miteinander unternehmen. Sie hat irgendwie Angst vor allem Unvorhersehbaren.«

CORSSEN *Sie traut sich selbst nicht viel zu. Gerade beim Schwimmen ist das ein schönes Beispiel: Obwohl sie schwimmen kann, hat sie Angst vor der Tiefe. Das ist schon ein Ausdruck von allgemeiner Verunsicherung. Ihre Freundin scheint sich nicht zuzutrauen, mit dem, was im Leben auf sie zukommt, fertig zu werden. Haben Sie das Gefühl, daß Ihre Freundin allgemein verunsichert ist?*

KNUT »Nein, sie kommt überall zurecht, in der Schule, auch im Beruf. Vor den Prüfungen hatte sie zwar auch Angst, schnitt aber gut ab.«

CORSSEN *Es spricht nichts dagegen, daß sie trotz ihrer Angst Mut entwickeln und Erfolg haben kann. Aber haben Sie das Gefühl, daß Ihre Freundin Angst vor Leistung hat, daß sie sich zwar immer irgendwie durchboxt, aber trotzdem voller Furcht bleibt?*

KNUT »Das kann schon sein. Sie meistert ja ihr Leben. Nur wenn sie diese Angstzustände bekommt, dreht sie durch. Da verkrampft sie sich, wird fast hysterisch.«

CORSSEN *Also scheint sie nicht unter einer tiefen Lebensangst zu leiden, sondern mehr unter einer Phobie. Eine Phobie hat man meistens, wenn man sich konkret vor etwas fürchtet, weil man zum Beispiel einmal fast ertrunken wäre und jetzt Panik vor tiefem Wasser hat oder weil man im Wald überfallen wurde und nun Angst hat, durch den Wald zu gehen. Das kann man tatsächlich durch konsequentes Üben wegbekommen, indem man ganz kleine Schritte macht. Man nimmt sich zum Beispiel vor, fünf Meter zu schwimmen. Mehr nicht. Beim nächsten Mal sind es zehn Meter, dann beim übernächsten Mal zwanzig Meter. So besiegt man die Furcht schrittweise.*

KNUT »Aber sie fürchtet sich doch so sehr.«

CORSSEN *Aber Ausweichverhalten verstärkt die Phobie. Stellen Sie gemeinsam mit Ihrer Freundin eine Hierarchie der Angst auf, von 10 bis 100. Sie fangen mit kleinen Angstreizen an, fragen Ihre Freundin: Vor was hast du wahnsinnige Angst? Das steht ganz oben. Zum Beispiel, alleine durch einen See zu schwimmen. Und vor was hat sie weniger Angst, zum Beispiel, mit Ihnen im flachen Wasser herumzuplantschen. Das steht in der Angst-Hierarchie ganz unten. Jetzt wird geübt, indem Ihre Freundin sich schrittweise den Angstreizen von 10 – 100 aussetzt und erlebt, daß nichts passiert. So verlernt man langsam, aber sicher eine Phobie.*

KNUT »Das wäre ja toll, sie leidet ja auch unter ihrer Hysterie.«

CORSSEN *Vergessen Sie aber nicht, daß dieses schrittweise Abbauen der Angst ohne Mutproben ablaufen sollte. Nur vorsichtiges und konsequentes Üben hilft. Aber es hilft wirklich, denn Angst ist in den meisten Fällen erlernt und kann wieder verlernt werden.*

Anruf von Alexander (41):
Er leidet seit sieben Jahren unter schlimmsten Angstzuständen, wagt kaum seine Wohnung zu verlassen. Er hat verschiedene Ärzte konsultiert, aber niemand konnte ihm bisher helfen

CORSSEN *Sie haben offenbar schon viel gegen Ihre Angstzustände unternommen?*

ALEXANDER »Das kann man sagen. Ich weiß schon nicht mehr, bei wie vielen Ärzten ich war. Ich bin sogar schon in einer Psychosomatischen Klinik gewesen. Aber das hat alles nichts gebracht. Meine ziemlich bittere Erfahrung ist, daß die Ärzte für meine Situation kein Verständnis gehabt haben. Die thronten hinter ihren Schreibtischen, hatten ihre Formeln und Therapien im Kopf und leierten alles herunter. Wenn man etwas begriff, so war es gut, und wenn nicht, war es auch gut.«

CORSSEN *Erzählen Sie mir konkreter von Ihren Ängsten.*

ALEXANDER »Sobald ich das Haus verlassen muß, überfällt mich totale Panik. Ich kann nicht erklären, warum und wieso. Ich bekomme kaum Luft, werde unsicher auf den Beinen, und mein Herz schlägt wie verrückt. Ein Arzt hat mir mal geraten, ich sollte autogenes Training machen. Ich hab's versucht, doch das bringt auch nicht viel.«

CORSSEN *Wenn so ein Angstanfall beginnt, hat es tatsächlich nur wenig Sinn, mit Entspannungsübungen dagegen anzugehen. Das autogene Training und ähnliche Entspannungsübungen eignen sich gut, um sich allgemein zu entspannen und sich auf sich zu konzentrieren. Aber in dem Augenblick, wo die Angst beginnt, ist ihr Einsatz eher schädlich, weil man merkt, daß es nichts hilft und die Panik noch größer wird. Haben Sie schon mal mit einem Psychologen über Ihre Innenwelt gesprochen oder Ihre tiefsten Gefühle, Geheimnisse und Sehnsüchte?*

ALEXANDER »Das ist doch das Problem. Ich war schon bei so vielen Ärzten. Aber die haben nur ihr Lehrbuch im Kopf, die nehmen den Menschen selbst überhaupt nicht wahr.«

CORSSEN *Vielleicht konnten Ihnen die Ärzte bei Ihren Ängsten nicht so helfen, wie es ein Psychologe könnte.*

ALEXANDER »Mir ist es eigentlich egal, wohin ich gehe, zu einem Arzt oder einem Psychologen. Ich suche einfach jemand, zu dem ich Vertrauen haben kann und der sich meine Probleme anhört.«

CORSSEN *Ich finde gut, daß Sie wenigstens wissen, was Sie brauchen. Ängste haben sehr viel mit der Kinderseele zu tun, die in den tieferen Schichten eines jeden Erwachsenen ruht. Und da spielt das Vertrauen eine große Rolle. Es wäre eine gute Idee, wenn Sie sich einen Therapeuten oder einen anderen Helfer suchen, der nicht irgendeine Schule vertritt und der Ihnen auch nicht verspricht, Sie sofort von Ihren Ängsten zu befreien. Ich fände es nicht gut, wenn man Ihre Angstzustände direkt angehen würde. Meine Idee ist, daß Sie ein Recht auf Ihre Angst haben, und daß sie in bestimmten Bereichen sogar nützlich ist. Diese Angst beschützt Sie ja vor allem möglichen, was Ihnen da draußen in der Welt zustoßen könnte. Wichtig wäre, daß Sie jetzt eine Vertrauensperson finden, der Sie alles erzählen und an die Sie sich gewöhnen können. Nicht Ihre Angst sollte das gemeinsame*

Gespräch bestimmen, sondern Ihre Erlebniswelt, Ihre Lebensphilosophie, Ihre Einsichten, Ihre Idee vom Tod und vom Leben. Wenn Sie auf diese Weise mit einer Person Ihres Vertrauens sprechen, könnte ich mir vorstellen, daß Sie sich da geborgen fühlen und sogar selbst eine Idee entwickeln, wie Sie sich helfen können. Dann werden Sie die Ärzte und Psychologen, die Sie momentan zu sehr als Autoritätspersonen empfinden, nicht mehr als Helfer brauchen. Vielleicht haben Sie sich bisher dadurch geholfen, daß Sie sich gegen professionelle Helfer gewehrt haben?! Sie brauchen angstfreie Gespräche ohne Forderungen an Sie, ohne Übung und ohne Ratschlag.

ALEXANDER »Aber wie finde ich diesen Arzt, diesen Menschen, dem ich Vertrauen schenken kann? Ich hab's doch schon so oft vergeblich versucht.«

CORSSEN *Ich glaube, daß es weniger schwierig ist, als Sie glauben. Wenn Sie einen Arzt oder Psychologen aufsuchen, sollten Sie weniger auf seine Methode achten, sondern mehr auf seine Ausstrahlung, auf seine Menschlichkeit. Es könnte auch sein, daß Ihnen das Gespräch mit einem Pfarrer hilft.*

ALEXANDER »Also mit Religion habe ich nicht so viel im Sinn...«

CORSSEN *Ich habe den Eindruck, daß Ihnen ein Halt fehlt, irgendein Bezugspunkt, an dem Sie sich orientieren könnten. Vor hundert Jahren hatten es die Menschen einfacher, sie waren religiöser und hatten Vertrauen zu einer höheren Macht. Dadurch bekamen diese Menschen ihre Ängste leichter in den Griff. Unabhängig von Ihrer religiösen Einstellung könnte Ihnen das Gespräch mit einem klugen Menschen eine neue Dimension eröffnen. Sie könnten sich mit jemandem, der sich nicht als Helfer aufspielt, über Inhalt und Ziel Ihres Lebens unterhalten. Betrachten Sie das als Anstoß, als einen möglichen Weg aus der Angst. Es geht darum, Vertrauen zu sich und der Welt aufzubauen.*

Die Angst muß Dich nicht ängstigen

Große seelische Nöte und auch psychosomatische Störungen werden oft durch intensive Ohnmachtsgefühle hervorgerufen. Der Leidende versucht, die ihn bedrohende Ohnmachtssituation und Angstreize zu vermeiden (Phobien) oder sie durch Verschiebung auf Neutrales in den Griff zu bekommen (Zwangsverhalten).

Oder aber die Angst und Selbstunsicherheit richtet sich nach innen und führt zum Beispiel zu Magen- und Darmstörungen, Herzjagen, starken Kopfschmerzen oder Atembeschwerden (Psychosomatik). Die verschiedenen Symptome sind Ausdruck eines gestörten seelischen Gleichgewichts. Ich bezeichne sie auch als Freunde, die uns darauf aufmerksam machen, daß wir uns irgendwie überfordert fühlen, eine bestimmte Situation nicht unter Kontrolle bekommen.

Wenn man also diese Störungen als Signale unseres Schutzengels versteht, wird man sie nicht mit Willensanstrengungen direkt bekämpfen. Die Symptome verschwinden, wenn man gegenwärtige Lebensumstände oder Einstellungen und Erwartungen an sich und die Welt ändert. Das Verständnis für diese Zusammenhänge kann verhindern, daß sich aus einer normalen und sinnvollen Angst eine Phobie entwickelt.

Bei der Phobie gibt es einen Sonderfall: Wenn man in einer bestimmten Situation ein traumatisches Erlebnis (Todesangst) hatte, kann man diese Furcht nur wieder verlieren, wenn man sich in kleinen Schritten dieser Angstsituation aussetzt. So lange, bis man wieder alles unter Kontrolle hat.

MINDER-WERTIGKEITS-KOMPLEXE

**Anruf von Gerd (26):
Er leidet unter seinem
Körpergewicht.
Er glaubt, weil er so dick ist,
wird er von allen abgelehnt –
auch von Frauen**

CORSSEN *Wie lange haben Sie schon Gewichtsprobleme?*

GERD »Ungefähr acht Jahre.

CORSSEN *Da waren Sie 18 Jahre alt. Ist damals etwas geschehen, was Sie belastet hat?*

GERD »Ich bin weg von zu Hause, weil ich mich mit meinem Stiefvater nicht mehr verstanden habe. Ich war sehr alleine, hatte das Gefühl, daß mich niemand haben will, auch kein Mädchen, und da habe ich halt zu essen begonnen. Inzwischen wiege ich 110 Kilo, bin aber nur 1,77 groß.«

CORSSEN *Es besteht häufig ein enger Zusammenhang zwischen Kummer und Essen. Sie sollten sich deswegen nicht mit Diäten und Selbstvorwürfen kasteien, sondern sich fragen, wie kann ich mein Leben so ändern, daß ich weniger Sorgen habe? Das möchte ich Ihnen vorweg sagen. Was haben Sie bisher gegen Ihr Übergewicht unternommen?*

GERD »Ich habe es immer wieder mit Diäten probiert, auch mit der Nulldiät. Ich war sogar in einer Klinik, habe mal 40 Pfund abgespeckt, die waren aber schnell wieder drauf. Jetzt weiß ich nicht mehr weiter.«

CORSSEN *Ganz ehrlich. Ich glaube, daß es vorläufig zwecklos ist, wenn Sie sich weiter mit Diäten herumquälen. Das ist offenbar nur eine Problemverschiebung. Sie haben soviel Angst, sich einem Menschen zu nähern, vor allem Mädchen, daß Ihnen nur das Essen bleibt. Mit jedem Bissen flüchten Sie vor anderen Menschen. Sie müssen sich das so vorstellen, daß Sie zwischen sich und anderen eine Wand aufbauen, in Ihrem Fall aus Speck.*

GERD »Ich bin so verzweifelt über mein Aussehen. Die Mädchen schauen mich auch immer so komisch an, weil ich zu korpulent bin. Die lachen hinter meinem Rücken über mich.«

CORSSEN *Das ist eine verzwickte Geschichte. Sie essen, weil Sie ein Alibi brauchen. Da Sie nicht zugeben wollen, daß Sie Angst vor den Mädels haben, essen Sie und sagen sich, mich mag sowieso niemand, weil ich zu fett bin. Ich würde Ihnen zu zwei Dingen raten: Erstens, gehen Sie bitte in eine Selbsterfahrungsgruppe. Aber nicht, um über Ihr Gewichtsproblem zu reden, sondern über Ihre Ängste, Ihre Gefühle, Ihre Selbstzweifel. Wenn Sie über sich selbst offen reden können und Ängste abbauen, werden Sie irgendwann das Dicksein als schützenden Panzer gegen die Umwelt nicht mehr brauchen. Mein zweiter Vorschlag: Bedienen Sie* *sich der Visionstechnik. Damit habe ich in meiner Praxis schon gute Erfahrungen gemacht. Das geht so: Bringen Sie sich in einen möglichst entspannten Zustand, etwa durch autogenes Training, vielleicht genügt auch schöne Musik. Dann stellen Sie sich vor, wie Sie aussehen, wenn Sie Ihr Idealgewicht haben. Wieviel würden Sie denn gern wiegen?*

GERD »So um die 80 Kilo.«

CORSSEN *Gut, stellen Sie sich vor, wie Sie mit 80 Kilo aussehen und was Sie anhaben. Eine Hose, die gut paßt, ein Anzug, der Ihnen steht. Sie sehen sich wie auf einem Dia, wie auf einem Urlaubsfoto. Am besten noch in einem Café, mit einem netten Mädchen. Sie lachen mit ihr und Sie spüren, wie das Mädchen Sie mag. Dieses Bild müssen Sie sich bitte täglich im entspannten Zustand vorstellen. Am besten vor dem Einschlafen. Während Sie sich dieses Bild vorstellen, lächeln Sie und genießen es. Sie färben mit diesem positiven Bild Ihr Unterbewußtsein und damit bekommen Sie Selbstvertrauen. Ihr Unterbewußtsein entwickelt das Vertrauen, daß es auch für Sie möglich ist, 80 Kilo zu wiegen. Wenn Sie sich dieses Bild einige Monate vorstellen, werden Sie merken, daß Sie ohne Anstrengung mit weniger Essen auskommen. Denn Ihr Vertrauen in sich selbst wird so groß, daß Sie nicht mehr hoffnungslos Essen in sich hineinschaufeln müssen.*

GERD »Ich habe auch gehört, daß es hilft, wenn man beim Essen mehr kaut...«

CORSSEN *Das ist richtig, aber auch das läuft wieder über die Verhaltensebene ab und das bedeutet, daß Sie wieder kämpfen müssen. Aber Kampf ist Krampf. Damit sind Sie zur Zeit überfordert. Wenn wir ein Hindernis überwinden wollen, wächst es eher noch durch unsere Anstrengungen. Ich empfehle Ihnen eine Selbsterfahrungsgruppe und dieses positive Bild von sich. Irgendwann werden Sie das Dicksein nicht mehr brauchen und ein Mädchen ansprechen.*

Anruf von Stefanie (16):
Sie hat wegen ihrer Größe schreckliche Minderwertigkeitskomplexe.
Sie ist 1,87 Meter groß und findet keinen Freund.
Sie möchte sich deswegen durch eine Operation kleiner machen lassen

CORSSEN *Hast Du Dich schon erkundigt, ob so eine Operation möglich ist?*

STEFANIE »Ja, aber es ist sehr kompliziert. Da wird im Unterschenkel ein Teil vom Knochen 'rausgenommen, auch in den Armen. Davor habe ich ziemliche Angst. Es kann ja auch was schiefgehen. Aber das ist immer noch besser, als wegen meiner Größe ständig veräppelt zu werden.«

CORSSEN *Wie reagieren die Leute, wenn sie Dich sehen?*

STEFANIE »Die sagen ›Stelze‹ zu mir oder ›langes Elend‹ und ›schau, was die für ein langes Gestell hat‹. Das macht mich ziemlich fertig.«

CORSSEN *Das kann ich gut verstehen, daß Du mit diesen Pöbeleien nicht fertig wirst.*

STEFANIE »Ich habe niemand, dem ich wirklich trauen kann.«

CORSSEN *Ich könnte Dir mal zu bedenken geben, daß es nicht nur eine Frage Deiner Größe ist, wenn Du wenig Freunde hast. Ich nehme an, daß Du durch Deine negativen Erfahrungen nicht gerade selbstsicher bist und sehr empfindlich reagierst.*

STEFANIE »Das stimmt schon.«

CORSSEN *Es ist sehr wichtig für Dich zu begreifen, daß es erst Deine eigene Reaktion auf Deine Größe ist, die zu Deinen Schwierigkeiten im Umgang mit Menschen führt. Solange Du aber nicht zu Dir stehen kannst und nicht mit hoch erhobenem Haupt durch die Straßen gehst, wird es für Dich immer ein Spießrutenlaufen sein.*

STEFANIE »Ich versuche ja gerade zu gehen, aber dann merke ich, wie alle mich anstarren. Da könnte ich auf der Stelle anfangen zu heulen. Mich machen sie sogar in der Disco wegen meiner Größe blöde an.«

CORSSEN *Es gibt eine Erkenntnis in der Psychologie, daß letztlich nur das stört, was man selber nicht verarbeitet hat. Wenn Du also zu Deiner Größe stehen könntest, gleich wie Du das schaffst, würde sie Dich nicht mehr stören. Aber solange Du so kritisch mit Dir bist und Dich selbst ablehnst, solange bist Du auch ein fruchtbarer Boden für Kritik.*

STEFANIE »Ich soll mich also akzeptieren, wie ich bin?«

CORSSEN *Du mußt es nicht, aber es könnte Dir helfen. Allgemein: Immer, wenn man sich ärgert, weil man kritisiert wird, ärgert man sich nur, weil man zutiefst innerlich der Meinung ist, man sei tatsächlich nicht o.k.*

STEFANIE »Soll ich mich also nicht kleiner machen lassen?«

CORSSEN *Ich bin nicht unbedingt der Meinung, daß einer mit der Nase leben muß, mit der er geboren wurde. Schönheitsoperationen können hilfreich sein. Ich weiß nicht, wie gefährlich das bei Dir ist. Aber zunächst würde ich Dir den Verhaltensratschlag geben, besonders gerade und aufrecht zu gehen. Zieh Dir was Schönes an...*

STEFANIE »Bei meiner Größe finde ich doch nichts Gescheites.«

CORSSEN *Es gibt einen Spruch aus dem Fernen Osten, der sagt: Wenn du ein Problem hast und es loswerden willst, schaffe dir ein größeres an! Verstehst Du, was damit gemeint ist? Beschäftige Dich nicht nur mit Deiner Größe. Du kannst, nur als Beispiel, bei Amnesty International eintreten und Dich dort um Leute kümmern, die unschuldig im Gefängnis sitzen, die gequält werden. Wenn Du richtig in ein größeres Problem einsteigst, Dich engagierst und um Leute kümmerst, die ein noch größeres Leid haben als Du, wirst Du weniger sensibel für Spott sein. Du bist dann auch in einer Gruppe, wo es um Sachlichkeit geht und darum, anderen Menschen zu helfen. Du stehst nicht mehr im Mittelpunkt, keiner sagt dauernd: Ach Gott, ist die groß. Überlege Dir mal, ob Du Dich nicht irgendwo engagieren kannst, wo Du etwas tun kannst und wo es Dir egal ist, ob Du nun 1,87 Meter oder noch größer bist. Dieses Engagement wird Dir eine besondere Ausstrahlung, ein stärkeres Selbstwertgefühl vermitteln, und ich garantiere Dir, daß man sich in Dich verliebt. Man liebt ja letztlich die Seele – und nicht den Körper.*

Anruf von Peter U. (23):
Nur weil ihm eine
Zehe amputiert wurde,
hat ihn seine Verlobte verlassen.
Er fühlt sich nicht mehr als
vollständiger Mensch
und hat allen Lebensmut verloren

CORSSEN *Sind Sie durch diese Amputation der Zehe stark behindert?*

PETER »Ich sitze zwar nicht im Rollstuhl, aber es wird dauern, bis ich wieder normale Schuhe anziehen kann. Ich gehe noch an Krücken, soll aber möglichst ohne sie laufen.«

CORSSEN *Gab es in Ihrer Beziehung irgendwelche Probleme, abgesehen von dieser Zeh-Amputation?*

PETER »Nein, wir haben uns sechs Jahre gut verstanden, und wenn es einen Streit gab, wurde das ausdiskutiert. Ich habe zwar durch den langen Krankenhausaufenthalt meine Arbeit verloren, aber irgendwie geht es schon weiter.«

CORSSEN *Möglicherweise war für Ihre Freundin die seelische Belastung zu groß. Erst die Sache mit dem Zeh, dann noch die Tatsache, daß Sie keinen Job mehr haben.*

PETER »Ich begreife einfach nicht, daß sie mich nach sechs Jahren so ohne weiteres verlassen kann. Bin ich durch den Verlust meiner Zehe plötzlich ein abstoßender Mensch?«

CORSSEN *Ich glaube, daß Sie im Moment nicht viel dagegen tun können, daß Ihre Verlobte nicht mehr heiraten will. Sie sollten auch nicht versuchen, sie zu überreden, und ihr nicht vorwerfen, daß sie Sie jetzt hängen läßt. Es hat keinen Sinn, jetzt Druck auszuüben. Ich glaube, am besten ist, wenn Sie ihr folgendes sagen: Ich verstehe dich, und du hast mich ja anders kennengelernt, und natürlich ist es für dich schwierig, weil ich jetzt vorläufig nicht mit dir rumlaufen kann und auch kein Geld verdiene. Ich kann es dir nicht verübeln, wenn du einfach Angst vor der Zukunft hast, und ich will dich nicht zwingen, bei mir zu bleiben. Du kannst dich von mir trennen, weil du dich um dein Leben kümmern mußt. Wenn Sie so mit Ihrer Verlobten reden, dann muß sie nicht gegen Sie kämpfen und dann kann es sein, daß sie diese Durststrecke übersteht. Wenn Sie aber jetzt zu sehr auf Mitleid machen, zu viel mit Moral manipulieren oder zu kindlich werden, damit Ihre Verlobte Sie nicht verläßt, dann wird sie höchstwahrscheinlich auf immer gehen.*

PETER »Aber wie kann sie mich nach all der Zeit so im Stich lassen?«

CORSSEN *Sie können jetzt nicht sagen, weil sechs Jahre zwischen uns alles stimmte, muß es auch so weitergehen. Sie sollten die Angst Ihrer Verlobten hinnehmen und ihr ruhig Zeit lassen, über die Zukunft nachzudenken. Dann kann sie leichter wieder eine Beziehung zu Ihnen aufbauen, weil sie plötzlich merkt, daß es gar nicht wichtig ist, ob Sie alle Zehen haben, sondern ob Sie sich sehr gut verstehen. Aber kämpfen Sie jetzt nicht zu sehr um ihre Liebe und berufen Sie sich nicht immer auf die sechs Jahre. Nehmen Sie die Ängste Ihrer Freundin genauso ernst wie Ihre eigenen.*

Wie Du aussiehst, bestimmst Du selbst

Es gibt, gemessen an unserem gegenwärtigen Schönheitsideal, gutaussehende Menschen, die darunter leiden, daß man nur ihre äußere Hülle begehrt, nicht aber ihre Seele liebt. Und es gibt jene, die sich äußerlich benachteiligt fühlen und meinen, daß sie mit einem hübscheren Äußeren kaum noch Probleme hätten.

Deshalb ist es zu verstehen, daß einige von ihnen ihr ›Häßlichsein‹ erst einmal über eine Schönheitsoperation angehen wollen. Die äußerliche Veränderung kann auch wirklich das Selbstwertgefühl und die Chancen beim anderen Geschlecht anheben. Das heißt aber nicht, daß man mit einem verschönerten Äußeren automatisch mehr Vertrauen zu sich entwickelt. Es gibt die Idee, daß jeder der Bildhauer seines Körpers, also verantwortlich für diesen äußeren Teil seiner Persönlichkeit ist. Auch ich bin der Meinung, daß wir durch die Entwicklung unseres Bewußtseins unsere Ausstrahlung und unser Wirken selbst bestimmen können. Es ist eine Verliererstrategie und Energieverschwendung, sich über sein Äußeres, gleich ob ererbt oder selber erschaffen, aufzuregen. Besser ist es, Energien einzusetzen, um das Beste aus dem, was ist, zu machen. Man kann mit Bodybuilding, Yoga, Körperbewußtsein und geistig-seelischem Wachsen auf Dauer äußere und innere Schönheit entwickeln.

DEPRESSIONEN

**Anruf von Christa (33):
Sie macht sich große Sorgen um ihren Freund.
Er leidet unter extremen Stimmungsschwankungen.
In depressiven Phasen ist er nicht mehr zurechnungsfähig**

CORSSEN *Wie äußern sich diese Stimmungsschwankungen?*

CHRISTA »Es kommt immer völlig überraschend. Plötzlich packt er mich aus heiterem Himmel am Handgelenk und droht: Wenn du mich verläßt, dann bringe ich mich um. Ich liebe dich abgöttisch. Oder er wird jähzornig und fährt mich an: Such dir einen anderen, ich brauche dich nicht mehr. Was mich aber besonders beunruhigt, sind die Tage, an denen er dumpf vor sich hinbrütet und ich keinen Zugang zu ihm finde. Ich glaube, er hat schlimmste Depressionen. Da kann vermutlich nur noch ein Psychologe helfen.«

CORSSEN *Eines kann ich Ihnen versichern: Wenn jemand noch so viel Aggression besitzt, daß er herumschreien und Sie schütteln kann, ist es mit den Depressionen nicht so arg. Ich glaube, er hat vielmehr Angst, Sie zu verlieren. Deswegen macht er eine Vorwärtsverteidigung und versucht Sie einzuschüchtern, damit Sie ihn nicht verlassen.*

CHRISTA »Er sagt sich den Kampf an und mir auch. Ich kann nicht mehr ruhig und gelassen bleiben. Er trachtet mir auch ständig nach meiner guten Stimmung. Wenn ich gutgelaunt bei ihm ankomme, ist seine erste Bemerkung: Warum hast du immer gute Laune und ich nicht? Das ist seine Art von Begrüßung. Also ich glaube, er ist ein Psychopath.«

CORSSEN *Wie lange sind Sie schon mit ihm zusammen?*

CHRISTA »Fast zwei Jahre.«

CORSSEN *Und was finden Sie an ihm so anziehend?*

CHRISTA »Ich finde ihn klug, nicht oberflächlich. Er kann sich gut in andere Menschen hineinversetzen, sie beschreiben. Und es gibt ja auch Stunden, wo er völlig normal und nett ist. Genau der Mann, von dem ich immer geträumt habe.«

CORSSEN *Also Sie mögen ihn noch, aber halten es nicht mehr mit ihm aus?*

CHRISTA »Genau, die Welt besteht nur aus seinen Problemen. Mit seinen Depressionen belastet er mich auch. Ich erzähle Ihnen ein Beispiel: Er kann im Kino keine zwei Stunden stillsitzen, ohne mich nicht zu stören, zu rütteln und zu fragen, warum ich ihn nicht anschaue, warum ich ihn nicht mehr liebe. Das sind Sachen, die mich überfordern.«

CORSSEN *Das glaube ich Ihnen gerne! Wenn Sie mich fragen, ob Sie ihm helfen können, ruhiger zu werden und mehr Vertrauen zu bekommen, würde ich eher sagen, nein. Sie könnten ihm sagen, daß er so sein darf, wie er ist und daß Sie ihn auch nicht ändern möchten...*

CHRISTA »Aber genau das habe ich ihm doch heute erklärt.«

CORSSEN *Das war richtig. Nur sagen Sie ihm, daß Sie einfach zu schwach sind für ihn. Unterstellen Sie ihm nicht, daß er ein Psychopath ist. Sagen Sie ihm, ich halte es nicht aus, ich schaffe es nicht, ich möchte dich weniger sehen, obwohl ich dich sehr gerne habe. Aber ich bin einfach zu schwach, dich immer zu ertragen. Und wenn er dann sehr traurig ist, dann können Sie ihn fragen: Leidest du sehr? Und wenn er das bejaht, dann könnten Sie ihm schon vorschlagen: Du, Menschen, die Angst haben und im Augenblick nicht mit sich zurechtkommen, die können ja damit zu einem gehen, der sich damit auskennt. Vielleicht sprichst du mal mit einem Psychologen. Das dürfen Sie ihm aber nur sagen, wenn er sehr, sehr hilflos ist. Es gehört zur Liebe, daß man sich abgrenzen kann, daß man sich auch um sein eigenes Glück kümmert.*

Anruf von Anette (44):
Sie hat seit 16 Jahren eine Tankstelle gepachtet und findet, daß die Menschen immer unhöflicher werden.
Das macht sie von Tag zu Tag trauriger

CORSSEN *Waren die Leute früher wirklich höflicher?*

ANETTE »Bestimmt, früher hatte ich mehr persönliche Kontakte zu meinen Kunden. An der Tankstelle ist es ja so, daß meist einer kommt und Hilfe braucht. Und da gab es immer ein Bitte und ein Danke. Jetzt kommen die Leute, sagen nicht guten Tag, fragen nach einer Straße und gehen ohne Dankeschön.«

CORSSEN *Das ist natürlich nicht schön, wenn man nie ein freundliches Wort zu hören bekommt.*

ANETTE »Mich belastet das ziemlich. Das färbt auch auf einen selbst ab. Je unfreundlicher die Leute sind, desto unmöglicher wird man selbst. Ich bin die meiste Zeit nur noch niedergeschlagen.«

CORSSEN *Was würden Sie sich konkret wünschen?*

ANETTE »Daß man von den Kunden wie ein Mensch behandelt wird und nicht wie ein Automat. Ich versuche doch auch jeden, der in meine Tankstelle hineinkommt, anzulächeln. Und jeder Kunde bekommt von mir ein Bonbon. Das entspannt. Aber trotzdem werden die Gesichter immer muffiger.«

CORSSEN *Ich verstehe Sie sehr gut, aber Sie sollten sich nicht darauf versteifen zu erwarten, daß Ihr Lächeln immer ankommt. Dann sind Sie total auf jeden Kunden fixiert, der zu Ihnen kommt.*

ANETTE »Das stimmt, ich warte geradezu sehnsüchtig, daß einer nett ist, zurücklächelt.«

CORSSEN *Ich würde Ihnen raten, sich damit abzufinden, daß die Menschen allgemein überfordert sind. Seien Sie nicht zu deprimiert, weil Sie das Gefühl haben, daß jeder nur noch ein Roboter ist. So ist es ja auch nicht. Wenn ein Kunde 'reinkommt, sollten Sie nicht verkrampft auf sein Gesicht starren, sondern sich entspannen und an etwas Schönes denken. Dann sind wenigstens Sie entspannt. Es kann gut sein, daß Sie im Moment durch Ihr Traurigsein und durch Ihre Enttäuschung über die Menschen eine feindselige Ausstrahlung haben. Da machen die Kunden, daß sie schnell wieder 'rauskommen. Beginnen Sie sich über sich selbst zu freuen — dann freuen sich die Kunden mit Ihnen.*

Anruf von Gabriele (39): Ihre Freundin ist depressiv, will sich das Leben nehmen. Wie kann sie ihr helfen?

CORSSEN *Wie haben Sie sich bisher Ihrer Freundin gegenüber verhalten?*

GABRIELE »Seit meine Freundin sich vor zwei Monaten das Leben nehmen wollte, kümmere ich mich gemeinsam mit meinem Mann um sie. Wir besuchen sie ständig und reden mit ihr. Manchmal wird es uns fast zuviel.«

CORSSEN *Und über was reden Sie mit ihr?*

GABRIELE »Über ihre Probleme, warum sie Schwierigkeiten mit Männern hat, ob das mit ihrer Kindheit zu tun hat und ähnliches. Sie ist halt depressiv und sieht in ihrem Leben keinen Sinn mehr. Wir haben ihr schon vorgeschlagen, bei uns einzuziehen. Aber irgendwie will sie sich dann wieder nicht helfen lassen.«

CORSSEN *Macht Ihre Freundin eine Psychotherapie?*

GABRIELE »Ja, sie ist bei einer Psychologin.«

CORSSEN *Meiner Erfahrung nach ist es besser, wenn Sie ihr nicht mehr auf diese Weise helfen wie bisher. Das ist zwar lieb gemeint, aber da spielen Sie und Ihr Mann unbewußt Mama und Papa.*

GABRIELE »Aber es ist nicht so, daß wir irgendeinen Druck auf sie ausüben. Wir sprechen ihr nur Mut zu.«

CORSSEN *Trotzdem geraten Sie in die Gefahr, zu fürsorglich zu werden. Jeder Ratschlag versetzt einen Menschen, der in solch einer verzweifelten Stimmung ist, noch mehr in Angst und Trauer. Und das könnte auch auf Dauer die Beziehung zwischen Ihnen und Ihrer Freundin gefährden. Ihre Freundin signalisiert zwar um Hilfe, bekommt sie von Ihnen auch angeboten, kann sie aber nicht umsetzen. Sie fühlt sich dann schuldig und gerät immer tiefer in den Strudel der Selbstvorwürfe, des Selbstmitleides und der Verzweiflung.*

GABRIELE »Sollen wir uns überhaupt nicht mehr um sie kümmern?«

CORSSEN *Doch. Aber lassen Sie sich nicht in eine Helferrolle drängen. Denn die Helfer von sogenannten Depressiven, die es also wirklich gut meinen, werden häufig zu Komplizen der Depression, weil sie zuviel helfen. Ihre Freundin läßt sich womöglich immer mehr in die Opferrolle fallen. Gehen Sie ruhig mit ihr spazieren, hören Sie ihr zu. Aber wenn die Freundin immer über dasselbe jammert, sollten Sie erklären: Bitte sei nicht böse, die Geschichte kenne ich schon, das möchte ich nicht mehr wissen. Auch Sie haben ein Recht, sich abzugrenzen.*

GABRIELE »Ja, manchmal wird es meinem Mann und mir schon zu anstrengend.«

CORSSEN *Wehren Sie sich, wenn Sie sich überfordert fühlen. Sie helfen damit auch Ihrer Freundin. Ich erlebe häufig, daß depressive Klienten dem Therapeuten gegenüber nicht so offen sind, weil sie den Freunden schon alles erzählt haben und ausgelaugt sind. Es wäre besser, wenn sich Ihre Freundin mit der Psychologin auseinandersetzt. Sagen Sie ihr also ruhig einmal: Du, wir sind auch schon ganz deprimiert; wir möchten jetzt gerne mit dir zusammen sein, aber nicht über dein Problem reden. Ich glaube, damit wäre Ihnen allen am besten gedient.*

Ich bin für meine Trauer verantwortlich

Mit dem Wort ›Depression‹ beschreibt man eine spezielle Denk- und Verhaltensweise. Der hoffnungslose, verzweifelte, lustlose und inaktive Mensch produziert fast nur noch negative Gedanken und damit ebensolche Gefühle sowohl über sich als auch über die Welt. Wissenschaftler streiten sich darum, ob nun diese negative Lebenseinstellung zu Depressionen führt oder aber irgendwelche organischen, medizinisch erklärbaren Prozesse die Auslöser für diese lebensverneinende Haltung sind.

Ich meine, daß man dieser ›Krankheit‹ mit einem Medikament frühzeitig und vorbeugend begegnen kann. Dieses Mittel setzt sich zusammen aus:

1. Nur ich bin verantwortlich für die Art und Richtung meines gegenwärtigen Denkens, kein anderer! »Am Anfang war das Wort...« Ich bin also der göttliche Schöpfer meiner Gedanken und Erwartungen. Und die erschaffen meine Gefühle, meine Erlebnis-Welt.

2. Ich mache meine Umwelt nicht für mein Gefühlsleben verantwortlich. Ich übernehme die Verantwortung für mein Denken und Tun. Das befreit mich aus Abhängigkeit und Ohnmacht, macht mich stark und gibt mir Vertrauen.

3. Ich erlebe jedes Gefühl intensiv, lasse es zu, durchlebe es. Nicht gelebte Trauer führt zu Depressionen. Also: Nicht soviel analysieren und verstehen wollen. Verstehen ist der Trostpreis des Lebens. Es geht ums Erleben!

AGGRESSIONEN

**Anruf von Silvia H. (26):
Sie schämt sich,
weil sie bei ihrer zweijährigen
Tochter so oft
unbeherrscht reagiert und das
Kind verprügelt**

CORSSEN *Ich kann mir vorstellen, daß Sie das sehr erschreckt, daß Sie zu Ihrem Kind, das Sie ja lieben, manchmal so brutal und hart sein können.*

SILVIA »Ich verstehe das selbst nicht. Ich liebe meine Tochter über alles, aber manchmal sehe ich rot und dann schlage ich zu. Ich schäme mich anschließend so sehr, vor allem, wenn ich sehe, wie die Kleine schon jetzt verschreckt mit den Schultern hochzuckt.«

CORSSEN *Was sagt Ihr Mann dazu?*

SILVIA »Er weiß das nicht. Was ist bloß los mit mir?«

CORSSEN *Diese Aggressionen gegenüber dem eigenen Kind erlebe ich oft bei Müttern, die mit ihrem Leben nicht zufrieden sind, die sich überfordert fühlen, die sich selbst kaum was Gutes tun oder gönnen. Aus dieser Überforderung heraus entsteht ein seelischer Druck, der sich irgendwann entladen muß. Da Sie nicht auf Ihren Mann einschlagen können, weil er stärker ist, bekommt das Kind Ihre Aggression ab.*

SILVIA »Ich muß auch sagen, daß meine Ehe ziemlich kaputt ist. Es war ja eigentlich schon bei der Schwangerschaft klar, daß es ein Desaster wird. Unsere Tochter hängt zwar an uns beiden, aber manchmal denke ich, daß es besser wäre, wenn sie nur mit meinem Mann zusammen ist.«

CORSSEN *Möglich, daß Sie sogar recht haben. Solange Sie mit sich selbst so viel zu tun haben und mit der Welt und mit sich nicht im reinen sind, kann es sein, daß Ihre Tochter vermutlich bei Ihrem Mann besser aufgehoben ist. Haben Sie das Gefühl, daß Ihr Mann irgendwie mehr im Gleichgewicht ist und mit dem Kind ruhiger umgeht?*

SILVIA »Ruhiger ist er schon. Ich bin so deprimiert, daß ich mich nicht unter Kontrolle bekommen kann.«

CORSSEN *Wie ist das so, wenn Sie an Ihren Tagesablauf denken? Haben Sie sich in letzter Zeit mal was Schönes gegönnt, haben Sie Spaß gehabt oder Freude empfunden, Zeit nur für sich gehabt?*

SILVIA »Ich habe meine Tochter praktisch rund um die Uhr um mich. Ich kann seit zwei Monaten nicht mehr durchschlafen, weil sie nachts drei-, viermal wach wird. Morgens fühle ich mich wie gerädert. Sie ist halt sehr lebhaft und aufgeweckt, sie fordert einen total. Das geht praktisch schon seit der Geburt so. Am liebsten würde ich mal abschalten und alleine vier Wochen irgendwohin fahren.«

CORSSEN *Können Sie das nicht arrangieren?*

SILVIA »Nein.«

CORSSEN *Haben Sie noch nie bei der Stadt, bei der Kirche oder bei irgendwelchen caritativen Verbänden nachgefragt, ob es da für Sie als überlastete Mutter Möglichkeiten zu einem finanziellen Reise-Zuschuß gibt?*

SILVIA »Nein, das habe ich noch nie gemacht. Ich würde auch ziemliche Schwierigkeiten mit meinem Mann bekommen. Dem würde das absolut nicht einleuchten, daß ich plötzlich verreisen möchte oder mir nur von anderen helfen lasse. Mein Mann muß auch viel arbeiten und würde auch gerne in Urlaub fahren.«

CORSSEN *Es kommt aber jetzt darauf an, daß Sie nur an sich denken. Eine Mutter, die so überfordert ist wie Sie, die ist einfach nicht gut für ihr Kind. Selbst wenn Sie den besten Willen haben, sich zusammenzureißen. Wenn Sie sich nicht bald Ruhe gönnen, völlig abschalten und wieder zu sich finden, dann schaden Sie Ihrer Tochter, Ihrer Ehe und sich selbst sowieso. Sie sind moralisch geradezu verpflichtet, sich nun um sich zu kümmern. Das ist wichtig für Ihr Kind.*

SILVIA »Vielleicht schaffe ich es, zu Bekannten zu fahren. Aber ich müßte meine Tochter mitnehmen.«

CORSSEN *Das ist nicht gut. Sie müssen alleine weg. Wissen Sie, Ihr Kind-Ich, wir haben ja alle immer noch ein kleines Kind in uns, das noch lebendig ist und Spaß haben möchte, also Ihr Kind-Ich wird völlig in die Ecke gestellt, zugunsten Ihres leiblichen Kindes. Und Ihr Kind-Ich ist stocksauer auf Ihr leibliches Kind. Daher kommen diese Schläge. Ihr eigenes inneres Kind-Ich ist eifersüchtig und fragt sich, wo bleibe eigentlich ich? Nochmals, Sie müssen jetzt etwas für sich tun. Sie müssen Ihr inneres Kind beruhigen und verwöhnen.*

SILVIA »Ich merke das auch. Ich wollte schon in eine Familientherapie gehen. Aber da wurde darauf bestanden, daß mein Mann mitkommt, und der wollte nicht.«

CORSSEN *Vielleicht ist eine Trennung, vielleicht sogar eine Scheidung, für Sie am besten. Dann sind Sie die Belastung mit der schlechten Beziehung los. Sie könnten sich dann mehr auf Ihre Tochter konzentrieren. Aber erst müssen Sie jetzt was für sich tun, weil Sie Ihr Kind nicht so mißhandeln dürfen. Was Sie für sich Gutes tun, das tun Sie auch für Ihre Tochter. Vergessen Sie das bitte nicht.*

Anruf von Erhard T. (36):
Er kann sich so schlecht beherrschen.
Wenn er mit seiner Freundin streitet,
rastet er jedesmal total aus und schlägt sie sogar.
Er möchte sich unbedingt besser in den Griff bekommen

CORSSEN *Passieren Ihnen diese Zornausbrüche nur bei Ihrer Freundin?*

ERHARD »Also ganz ehrlich, ich bin schon allgemein leicht aus der Fassung zu bringen.«

CORSSEN *Was sind das für Situationen, die Sie ausrasten lassen?*

ERHARD »Eigentlich sind es belanglose Dinge. Wenn ich zum Beispiel mit meiner Freundin ausgehen will, und sie keine Lust hat. Schon geht der Krach los.«

CORSSEN *Haben Sie eine Erklärung dafür?*

ERHARD »Vielleicht ist das eine Veranlagung...«

CORSSEN *Natürlich gibt es Menschen, die gefühlsmäßig schneller reagieren, die aber auch durch Erziehung ein bißchen verwöhnt sind und die Idee haben, wenn ich was möchte, dann muß es der andere auch tun. Und wenn der andere nicht sofort will, dann nehmen sie das als persönliche Kränkung oder Herabsetzung. Dann dringt es einem ganz tief in die Kinderseele, die immer Angst hat, nicht genug beachtet oder geliebt zu werden. Dann kann es sein, daß jemand wie Sie schon fast ums Überleben kämpft. Das ist an sich ein Zeichen für die Unsicherheit, auch Ängstlichkeit, nicht gut genug zu sein oder verlassen zu werden.*

ERHARD »Meine Freundin hat schon gedroht, daß sie mich verlassen wird, wenn ich noch einmal durchdrehe und sie schlage. Es tut mir hinterher immer echt leid, ich weiß nicht, wie das passieren kann. Ich kenne sie seit eineinhalb Jahren und liebe sie doch.«

CORSSEN *Sie sollten mit Ihrer Freundin eine Abmachung treffen: Immer wenn Sie durchdrehen, muß sich Ihre Freundin tatsächlich zurückziehen. Für ein paar Tage, eine Woche oder länger. Und beim nächsten großen Anfall meldet sie sich zwei Wochen nicht bei Ihnen. Sinn dieser Abmachung ist es, Ihr Unterbewußtsein zu trainieren. Sie müssen durch Ihre Wutanfälle einen wirklichen Nachteil haben. Das ist so, als ob man einen Hund dressiert. Denn in den tieferen Schichten unseres Seins reagieren wir sehr mechanisch. Da geht es nur um Maximierung von Lust und Vermeidung von Unlust. Sie haben vermutlich gelernt, sich durch Schreien und Vitalität durchzusetzen. Und das wiederholen Sie jetzt immer. Da müssen Sie erst wirkliche Nachteile haben, um dies zu verändern. Außerdem rate ich Ihnen, sich selbst zu beobachten: Ob Sie Ihre Gefühle und Wünsche schnell genug aussprechen. Es kann sein, daß Sie Ihre Bedürfnisse lange zurückhalten und zu spät sagen, was Sie wollen. Dann sind Sie so angespannt, daß Sie sich einfach entladen müssen.*

ERHARD »Das werde ich tun. Aber ob mir das allein schon hilft?«

CORSSEN *Da Sie ja so einsichtig sind, könnten Sie doch mal im Gesundheitspark, also in der Volkshochschule, eine psychologische Gruppe mitmachen. Lassen Sie sich dort beraten, welche Gruppe für Ihre Schwierigkeiten die beste ist.*

Anruf von Thomas (27): Er spielt gerne Tennis, flippt aber vor Wut aus, wenn ein Ball daneben geht. Weil er so aggressiv auf dem Platz ist, möchte niemand mehr mit ihm spielen

CORSSEN *Wie äußert sich Ihre Wut auf dem Tennisplatz?*

THOMAS »Wenn ich das jetzt so erzähle, kommt mir das selber blöde vor. Ich möchte mich beim Tennisspielen ja auch entspannen und Spaß empfinden. Aber wenn ich sehr konzentriert spiele und es läuft nicht so, wie ich möchte, sehe ich irgendwie rot. Ich fange an zu fluchen, schreie und schmeiße auch mal den Schläger weg. Dabei bin ich im Alltag ein eher beherrschter Mensch.«

CORSSEN *Es liegt wahrscheinlich ein bißchen an unserer deutschen Mentalität. Sie kennen sicher den Spruch: Kannst du was, bist du was! Hast du was, bist du was! Damit hängt auch der Streß am Tennisplatz zusammen. Das Selbstwertgefühl wird vom Punktestand abhängig gemacht. Wenn Sie einen Ball ins Netz hauen, dann denken Sie automatisch: Ich kann nichts, also bin ich auch nichts. Und schon werden Sie wütend. Das läuft natürlich nicht bewußt in Ihrem Kopf ab. Aber bei uns Menschen kommt es so sehr darauf an, daß wir uns beachtet und geliebt fühlen.*

Und wenn wir glauben, nichts zu können und nichts zu haben, dann fühlen wir uns minderwertig und befürchten, nicht geliebt und beachtet zu werden. Deshalb wird beim Tennis und auch bei anderen Sportarten so viel geflucht. Weil wir um den Sieg kämpfen, als ginge es um unser Leben. Ein biologischer Trieb. Als Kleinkinder waren wir von unseren Eltern völlig abhängig und mußten um Beachtung kämpfen. Tief in uns allen wirkt also der Mechanismus: Wenn ich nichts wert bin, werde ich nicht geliebt und dann läßt man mich sterben. Und wenn wir später als erwachsene Menschen verlieren, läuft ein ähnlicher Überlebenskampf-Mechanismus ab.

THOMAS »Ich verstehe das jetzt mit dem Ausflippen am Tennisplatz schon besser. Aber wie gehe ich damit um?«

CORSSEN *Versuchen Sie mal, Tennis als eine Art Meditation zu empfinden. Machen Sie sich beim Spiel bewußt: Ich schaue auf den Ball, ich höre den Aufschlag des Balles auf dem Boden, ich spüre meinen Schläger in der Hand. Wo ist er im Augenblick? Wenn man diese zwei, drei Dinge immer gleichzeitig beachtet, bleibt man in der Gegenwart und die automatischen Gedanken aus den tieferen Schichten Ihres Seins fallen weg. Wenn Sie nicht schlagen, sollten Sie sich auf den Atem konzentrieren, also einfach nur das Ein- und Ausatmen beobachten. Alles, was Sie sonst automatisch denken, wie − Mensch, heute spiele ich aber schlecht − oder − Himmel, was ist bloß mit meiner Rückhand los − diese Gedanken können sich dann nicht entwickeln. Und dann werden Sie auch nicht mehr so unkontrolliert wütend.*

THOMAS »Könnte es nicht sein, daß meine Psyche halt so gestrickt ist, daß ich gelegentlich Dampf ablassen muß, um mich zu befreien und um lockerer zu werden?«

CORSSEN *Das ist etwas anderes. Klar, gelegentlich muß man sich von Druck befreien. Auch beim Sport. Da kann man ruhig einen Urschrei loslassen, so wie zum Beispiel beim Kugelstoßen oder wie Connors, der bei jedem Schlag laut aufstöhnt. Das ist o.k. In dem Augenblick, wo ich aber »verdammt« oder »Mist« fluche, gerate ich in diesen Streß, wo ich das Gefühl habe, ich müßte besser sein. Genau das aber hemmt und reduziert die Leistung. Also: Schreien ja, kritisieren nein.*

THOMAS »Nehme ich vielleicht das Tennisspielen zu ernst?«

CORSSEN *Wir sind natürlich alle Kinder unserer Leistungsgesellschaft. Und immer dort, wo es um Punkte geht, geht es ums Gewinnen. Jeder möchte ein Gewinner sein, auch auf dem Tennisplatz. Nur sollte jeder wissen, daß seine Persönlichkeit eben nicht am Punktegewinn meßbar ist. Wenn man sich das klarmacht, gerät man beim Spielen nicht zu sehr unter Streß und ist auch nicht diesem unterbewußten Gedanken ausgeliefert: Ich muß wahnsinnig gut sein, um gemocht zu werden. Beherzigen Sie all das bei Ihren nächsten Tennisspielen, und ich bin überzeugt, Sie werden mehr Spaß haben und weniger wütend und aggressiv reagieren.*

Wer schreit und schlägt, hat Angst

Körperliche Gewalttätigkeit gibt es in Beziehungen leider häufiger, als man annimmt. Der Schläger fühlt sich, auch wenn ihm das nicht immer bewußt ist, schwach und ohnmächtig. Aus Angst und Ärger, etwas zu verlieren, was er braucht, meist Sicherheit oder Liebe, bedroht er sein ›Liebstes‹ mit Terror und Gewalt. Seine Botschaft lautet: Wenn du mir nicht gibst, was ich von dir will, passiert etwas… Lieb mich! Verdammt noch mal, lieb mich!

Menschen, die andere einschüchtern, erpressen oder schlagen, sind nicht selten abhängig von ihnen. Mit Beherrschen und Niedermachen, den Mechanismen der Arterhaltung, kämpfen sie um Liebe wie um ihr Überleben. Ich meine, daß der Gewalttäter sich darüber bewußt werden sollte, daß er mit sich unzufrieden ist, daß er Probleme hat. Nicht der Partner ist böse, der lebt nur ›sein‹ Leben, nicht gegen ihn, sondern für sich. Auch das bedauernswerte Opfer wird gewiß erfolgreicher mit der bedrohlichen und demütigenden Situation umgehen können, wenn es die Verantwortung für sein Tun und Denken übernimmt.

Es gibt Frauen, die schon seit vielen Jahren mit einem gewalttätigen Mann zusammenleben. Das enttäuscht oft die guten Freunde und Helfer, an die sie sich in ihrer Not gewandt haben. Den Unterdrückten gelingt der Absprung in ein anderes Leben oft deshalb nicht, weil sie sich jede andere Lösung als noch bedrohlicher vorstellen. Oder ihre Entscheidung, bei dem

Mann zu bleiben, wird von unbewußten Annahmen bestimmt. Über diese seelischen Mechanismen kann man in dem Buch ›Frauen, die zu sehr lieben‹ mehr erfahren.

Ich glaube, daß den Betroffenen mit einer Bewußtmachung ihrer seelischen Situation, aber mit Respekt vor ihren eigenen Entscheidungen, am besten gedient ist.

Wer weiß, warum er etwas tut, gewinnt an Selbst-Bewußtsein und Selbst-Achtung und fühlt sich nicht mehr als Opfer. Wenn beide wissen: Ich unterdrücke bzw. lasse mich unterdrücken und weiß auch warum, ist der erste Schritt aus dem Dilemma gewagt.

PROBLEME IM BERUF

**Anruf von Wilhelm (40):
Seit 15 Jahren arbeitet er
mit seinem Chef in einem
Uhrmachergeschäft.
Doch seit die 21jährige Tochter des
Chefs als Lehrling anfing,
ist es mit dem guten Betriebsklima
vorbei.
Er überlegt, ob er kündigen soll**

CORSSEN *Was stört Sie am meisten an der Tochter des Chefs?*

WILHELM »Ich werde total übergangen, ganz gleich, was ist.«

CORSSEN *Sie werden also nicht mehr gefragt und fühlen sich draußen.*

WILHELM »Genau, dabei kann die Tochter noch gar nichts, ganz grob gesagt. Aber sie fühlt sich als Juniorchefin und benimmt sich auch so.«

CORSSEN *Ich kann mir denken, daß es für Sie schwer ist, von einem jüngeren Menschen herumkommandiert zu werden. Haben Sie schon mit Ihrem Chef darüber gesprochen?*

WILHELM »Klar, der sagt, was soll ich machen? Meine Tochter hat schon immer gemacht, was sie wollte.«

CORSSEN *Haben Sie mit dem Mädchen selbst schon über das Problem gesprochen?*

WILHELM »Ja, aber das ging daneben. Die hat mich eiskalt von oben angeschaut und gefragt: Was wollen Sie denn?«

CORSSEN *Schildern Sie mal, wie das jetzt im Geschäft abläuft, seit die Tochter des Chefs mitarbeitet.*

WILHELM »Das erste Problem gab es gleich am Anfang, da war sie drei Tage als Lehrling da. Ganz vorsichtig habe ich angefragt, ob sie den Papierkorb ausleeren könnte. Da hat sie mir ins Gesicht gesagt: Das macht der Papi oder ein anderer Blöder. So geht das seit einem Jahr.«

CORSSEN *Und Sie denken an Kündigung?*

WILHELM »Ich halte das nervlich nicht mehr aus. Ich bin normalerweise ein ruhiger Typ, jetzt macht mich die tägliche Aufregung im Geschäft krank. Das Schlimme ist, daß ich fünfzehn Jahre mit meinem Chef gut zusammengearbeitet habe. Und das soll jetzt nur wegen dieses Mädchens alles zu Ende sein?«

CORSSEN *Es ist oft schwer, wenn zwei sich gut verstehen und dann kommt eine dritte Person dazu. Wichtig wäre jetzt, daß Sie ganz klar Ihre Abneigung der Tochter gegenüber äußern, ihr also deutlich sagen, mitten ins Gesicht hinein: Ich mag Sie nicht. Wenn Sie das nicht bald tun, bauen Sie noch mehr innere Spannungen auf.*

WILHELM »Aber was ist, wenn der Chef sagt, gut, du magst meine Tochter nicht, ich kündige dir. Dann stehe ich mit meinen 40 Jahren auf dem Abstellgleis.«

CORSSEN *Mein Ratschlag ist, daß Sie Ihrem Chef erklären: Ich arbeite gerne bei Ihnen, ich mag Sie auch sehr gerne. Nur manche Menschen passen nicht so gut zusammen, und ich bekenne offen, daß ich mit Ihrer Tochter nicht klarkomme und die darf auch zu mir sagen, daß sie mich blöde findet. Und dann können wir weiterarbeiten. Wichtig ist, daß Sie die ganze Angelegenheit sachlich und unsentimental behandeln. Und wenn Sie das Ihrem Chef so deutlich sagen, dann bekommen Sie auch wieder mehr Selbstachtung und können sich besser gegenüber der Tochter durchsetzen. Und bitten Sie ihn, daß nur er Ihnen sagen soll, was zu tun ist.*

WILHELM »Es macht mich so traurig, wenn ich denke, wie angenehm früher das Betriebsklima war.«

CORSSEN *Eine gefährliche Strategie, wenn Sie sich dauernd sagen: Früher war alles besser. Sie kommen nicht darum herum, daß alles vergeht und daß nichts mehr so sein kann, wie es einmal war. Sie haben jetzt an Ihrem Arbeitsplatz Schwierigkeiten, mit denen Sie lernen können umzugehen. Sie hätten vielleicht noch mehr Probleme, wenn Sie nun kündigen würden. Und sagen Sie es der Tochter ganz offen: Ich mag Ihre Art nicht, aber ich werde trotzdem weiterarbeiten. Dann sind die Fronten geklärt, und zumindest für Sie ist die Situation entspannter.*

Anruf von Inge (22):
Sie arbeitet seit einem halben Jahr als geschätzte Aushilfssekretärin und wartet vergeblich auf eine Festanstellung. Sie hat den Eindruck, daß die Firma ausgerechnet an ihr sparen möchte

CORSSEN *Braucht die Firma überhaupt eine festangestellte Sekretärin?*

INGE »Klar, es handelt sich um die Münchner Niederlassung einer internationalen Firma, und ich bin die einzige Sekretärin in dem Laden.«

CORSSEN *Warum hat man Sie nicht gleich festangestellt?*

INGE »Als ich vor einem halben Jahr anfing, bestand Personalstop. Andererseits brauchte man dringend eine Sekretärin, und so wurde ich als Aushilfskraft eingestellt — mit dem Versprechen, daß ich nach einem halben Jahr Probezeit einen festen Vertrag bekommen würde. Aber obwohl alles bestens läuft, bekomme ich ihn nicht.«

CORSSEN *An wem liegt das?*

INGE »Am Geschäftsführer, der ist Amerikaner und kümmert sich einfach nicht darum.«

CORSSEN *Sie möchten jetzt bestimmt wissen, wie Sie ein bißchen Druck auf ihn ausüben können?*

INGE »Genau, ich habe ihm schriftlich meine Situation dargelegt und darauf gepocht, daß mir eine Festanstellung versprochen war. Aber er reagiert nicht.«

CORSSEN *Hat er einen finanziellen Vorteil, wenn Sie als Aushilfskraft arbeiten?*

INGE »Klar, das ist viel billiger.«

CORSSEN *Dann ist natürlich zu verstehen, warum er die Angelegenheit so hinauszögert. Vielleicht sagt er sich auch, daß es nicht schlimm ist, wenn Sie weggehen, dann nimmt er halt eine andere...*

INGE »Genau, es ist aber meine erste Stelle, der Job macht mir Spaß und ich möchte mich richtig einarbeiten und nicht nach einem Jahr wieder die Firma wechseln.«

CORSSEN *Wenn es so ist, sollten Sie vorläufig die Festanstellung nicht so wichtig nehmen. Versuchen Sie in Ihrer Arbeit noch sicherer zu werden und noch mehr zu lernen. Sagen Sie sich: Ich bin jetzt schlau, nutze die Zeit hier, lerne und versuche möglichst viel Verantwortung zu bekommen und andere von meiner Arbeit abhängig zu machen. Und wenn Sie wirklich alles gelernt haben, dann gewinnen Sie mehr Ausstrahlung und Selbstsicherheit. Dann können Sie mit diesem Geschäftsführer ganz anders sprechen. Weil Sie sich in einer Situation befinden, in der Sie ihn nicht mehr so dringend brauchen. Als ausgelernte Sekretärin finden Sie leicht einen neuen Job. Das begreift auch der Geschäftsführer, für den es dann sehr teuer ist, eine gute Kraft zu verlieren und eine neue einzuarbeiten. Wichtig ist, daß Sie unbesorgt das Risiko eingehen, daß er Sie trotzdem nicht haben will. Wenn Sie das ausstrahlen, können Sie mit ihm pokern. Ich glaube, Sie würden das Spiel gewinnen. Viel Glück!*

Anruf von Martin (17):
Er kommt mit seinem Lehrherrn nicht zurecht.
Wegen jeder Kleinigkeit wird er von dem Vorgesetzten zusammengestaucht

CORSSEN *Erzähl ein Beispiel, was Dich besonders geärgert hat.*

MARTIN »Ich mache eine Metzgerlehre, und neulich ist mir eine Wanne mit Leberwürsten runtergefallen. Da hat er mich fertig gemacht.«

CORSSEN *Was hat er zu Dir gesagt?*

MARTIN »Das kann man eigentlich nicht wiederholen, aber es waren ein paar starke Worte.«

CORSSEN *Was kritisiert Dein Chef am häufigsten?*

MARTIN »Ich bin halt in seinen Augen zu langsam. Aber ich brauche noch etwas länger. Das versteht er nicht. Er meint, was man einmal gezeigt bekommt, muß gleich sitzen.«

CORSSEN *Hast Du mit ihm schon einmal darüber gesprochen?*

MARTIN »Eigentlich nicht, ich bemühe mich halt, alles richtig zu machen. An manchen Tagen sagt er auch nichts. Aber dann bekomme ich schon in der Früh einen Anpfiff und der ganze Tag ist versaut. Da mache ich dann noch mehr Fehler.«

CORSSEN *Klar, wenn man verunsichert ist, will man alles gut machen, macht es aber noch schlechter. Kannst Du Deinen Chef als Persönlichkeit einschätzen? Es gibt ja Menschen, die sich kurz aufregen und grob werden, aber es letztlich nicht so meinen. Oder ist er völlig gegen Dich?*

MARTIN »Manchmal ist er den ganzen Tag total gegen mich und behandelt mich wie Dreck.«

CORSSEN *Ich finde es sehr vernünftig, daß Du Dir Gedanken machst, wie sich das Arbeitsklima verbessern läßt. Ich hätte da folgende Idee. Einmal kannst Du ihm sagen: Also Meister, ich habe ein Problem, kann ich mal mit Ihnen reden? Versuche vernünftig und erwachsen zu wirken. Er wird Dich fragen: Um was geht es denn? Und dann besprichst Du es mit ihm, aber auf keinen Fall zwischen Tür und Angel. Frag, ob er fünf Minuten Zeit für Dich hat. Und dann erzählst Du ihm, daß Du gerne arbeitest, daß Du auch gerne lernst, aber daß Du auch gemerkt hast, daß Du noch nicht so schnell bist, Dich aber sehr bemühst. Erkläre ihm, daß Du dankbar bist, daß er Dir etwas beibringt, aber es würde Dich sehr verletzen, wie er mit Dir spricht. Und das würdest Du einfach mal aussprechen wollen. Sag ihm, daß Dich nicht stört, was er zu Dir sagt, sondern wie er es sagt. Das würde Dich verunsichern und deshalb würdest Du noch mehr Fehler machen.*

MARTIN »Er ist immer stinksauer, wenn man aufmuckt.«

CORSSEN *Deswegen sollst Du das auch nicht in einem Augenblick sagen, wo er gerade mal wieder sauer auf Dich ist. <u>Wähle einen Tag aus, wo alles schön ruhig ist und er gut aufgelegt wirkt</u>. Das ist ganz wichtig! Und betone, daß Dich nicht stört, was er sagt, da wärst Du nicht so empfindlich, sondern wie er es sagt.*

MARTIN »Hoffentlich schaffe ich das.«

CORSSEN *Wenn Du es nicht schaffst, dann schreib ihm einen Brief. Und den gibst Du ihm mit den Worten: Ich habe Angst, mit Ihnen über mich zu sprechen, aber ich habe es aufgeschrieben. Bitte lesen Sie, was mich so bedrückt.*

Verfolge Dein Ziel, als ob Du es nicht hättest

Für Erfolg, Gesundheit und seelisches Glück ist es effektiver, die tägliche Arbeit nicht als ›blöden Job‹ oder ›Ausbeutung‹ anzusehen, sondern sie als eine Berufung oder als eine Selbstentwicklungs-Übung zu nehmen: Man kann sein Tun als sinnvoll erkären, auch wenn man durch seine Arbeit nicht viel bewegt und keinen äußeren Erfolg hat. Wie geht das?

Man verabschiedet sich vorübergehend von dem Bedürfnis nach lobender Anerkennung, Gerechtigkeit, mehr Geld und Karriere und konzentriert sich auf die Arbeit an sich. Man nimmt sich vor: Ich mache meine Arbeit möglichst genau so, wie man es von mir verlangt. Oder man fragt sich: Wie kann ich meine Arbeit noch verbessern? Man kann das eigene Tun durch eine genaue Beobachtung auch als Konzentrationsübung, sogar als Meditation nutzen.

Und man erhöht sein Selbstvertrauen, indem man Zusagen und Versprechungen einhält. Die Arbeit betreffende Vereinbarungen sollten zu Vereinbarungen werden, die man mit sich selber eingeht und einhält. So lernt man sich selbst zu vertrauen.

Über diesen Entwicklungsprozeß von Persönlichkeit und Eigenverantwortung wird man bald auch den äußeren Erfolg ernten können. Menschen, die Karriere machen wollen, rate ich: Verfolge Dein Ziel, als ob Du es nicht hättest – und tu das, was Du tust, so gut Du es heute kannst.

Man macht sich also ein genaues Bild vom beruflichen Ziel. Diese Zukunftsvision versenkt man im entspannten Zustand — beispielsweise jeden Abend im Bett beim Einschlafen — in sein Unterbewußtsein. So stellt man sich innerlich auf das Ziel ein, und mit der Zeit wird man sich voller Selbstvertrauen automatisch in diese Richtung bewegen. Auf der bewußten Ebene denkt man also nicht mehr verkrampft an seine Karriere, sondern macht seine tägliche Arbeit mit ganzem Herzen.

LIEBE

**Anruf von Katja S. (24):
Seit einem halben Jahr ist sie
in einen verheirateten
Mann verliebt.
Jetzt will er sich ihretwegen
scheiden lassen.
Aber sie hat Bedenken, ob er ihr
nicht später deswegen
Vorwürfe machen wird**

CORSSEN *Würde er sich auch von seiner Frau scheiden lassen, wenn Sie nicht wären?*

KATJA »Nein, genau deswegen verspüre ich plötzlich diese Angst. Er wird mir immer sagen, ich habe wegen dir meine Frau und meine kleine Tochter verlassen. Ich bin wahnsinnig in ihn verliebt. Aber kann das eine normale Beziehung werden? Mit dieser Belastung? Ich weiß zwar, daß er mit seiner Frau sexuell nichts mehr hat, aber sie gibt doch eine gewisse Sicherheit. Er kommt nach Hause, das Essen steht auf dem Tisch, das Kind ist da.«

CORSSEN *Ich verstehe Ihre Bedenken. Sie haben Angst, daß, wenn die Beziehung nicht klappt, er Ihnen Vorwürfe machen wird. Meinen Sie nicht, daß er die Verantwortung alleine übernehmen sollte, sich von seiner Familie zu trennen — ohne daß er sich hundertprozentig auf diese neue Liebe verlassen kann?*

KATJA »Ich weiß genau, daß er sich nur wegen mir von seiner Frau trennt. Er will auch sofort mit mir zusammenziehen. Ich habe aber Angst, mich so festzulegen. Er ist meine große Liebe, aber für Gefühle kann man doch nicht garantieren. Vielleicht ist morgen schon alles ganz anders. Andererseits habe ich keine Lust, mich weiterhin dauernd heimlich mit ihm zu treffen.«

CORSSEN *Es wäre schon besser, wenn Sie ihm sagen könnten, daß Sie nicht gleich mit ihm zusammenziehen wollen. Andererseits sollten Sie sich nicht dafür verantwortlich fühlen, wenn er jetzt zu Hause auszieht und es später mit Ihnen doch nicht klappt. Ihr Freund pokert jetzt ziemlich hoch. Er will die eine Frau gegen die andere eintauschen. Das ist sein Spiel. Wenn er verliert, hat er eben verloren. Das ist das Leben, daß man nie weiß, was morgen ist. Sie haben es ja selbst sehr klug gesagt: Für Gefühle kann man nicht garantieren. Aber Sie sollten sich auf keinen Fall verantwortlich fühlen, ihn immer zu lieben, weil Sie glauben, er würde Ihnen ein Opfer bringen. Das tut er nicht. Er denkt an sich und möchte alles zu seinem eigenen Besten arrangieren.*

KATJA »Und was wäre jetzt für mich das Beste?

CORSSEN *Das wissen Sie bestimmt am besten. Lassen Sie sich Zeit, bis Sie wissen, ob Sie wirklich mit ihm zusammen leben wollen. Es wäre aber wichtig, daß er mit seiner Frau über die Situation spricht, damit er nicht ständig lügen muß. Das könnte schon für alle drei eine Entspannung sein, und es könnten sich neue Gesichtspunkte ergeben.*

**Anruf von Andrea (35):
Seit sechs Jahren ist sie in einen
bekannten Künstler verliebt.
Er ruft sie regelmäßig an,
nimmt sie zu offiziellen
Veranstaltungen mit.
Aber trotzdem bleibt er reserviert,
und erotisch
passiert gar nichts**

CORSSEN *Was meinen Sie genau damit, daß erotisch nichts passiert?*

ANDREA »Zu einer tieferen Beziehung ist es bisher noch nicht gekommen. Ich will damit sagen, daß wir nicht miteinander schlafen. Dabei scheint er echtes Interesse an mir zu haben. Überall, wo er auftritt, bin ich mit dabei. Er möchte das so. Aber wenn sein Auftritt vorbei ist, reden wir noch ein bißchen miteinander, und anschließend gehen wir getrennt nach Hause. Jeder zu sich. So geht das seit sechs Jahren. Ich weiß, es klingt verrückt, aber ich bin in diesen Mann verliebt. Jedesmal, wenn ich ihn sehe, ein bißchen mehr.«

CORSSEN *Haben Sie ihm nie gesagt, daß Sie sich eine engere Beziehung wünschen?*

ANDREA »Doch, aber er hat gesagt: Besser eine gute Freundschaft, als an einem Abend alles kaputt. Es bleibt dabei, daß wir uns nur ein Küßchen zum Abschied geben, mehr nicht.«

CORSSEN *Wie alt ist dieser Mann?*

ANDREA »43 Jahre.«

CORSSEN *Ich habe den Eindruck, daß er Angst vor Sexualität hat. Eine Beziehung kann sich natürlich verändern, wenn man miteinander schläft. Es könnte sogar ein großes Kompliment für Sie bedeuten, daß er nicht mit Ihnen ins Bett gehen will. Das klingt zwar paradox, aber Sie sind ja offensichtlich sehr wichtig für ihn, und er scheint viel Vertrauen zu Ihnen zu haben. Möglich, daß er sich als Mann nicht so sehr stark fühlt, daß er irgendwelche Komplexe hat oder glaubt, er wäre kein guter Liebhaber. Vielleicht hat er auch die Erfahrung gemacht, daß Frauen, mit denen er geschlafen hat, sich anschließend zu sehr an ihn geklammert und ihn für sich alleine beansprucht haben, oder aber er war ein so schlechter Liebhaber, daß sie ihn deshalb verlassen haben. Aus all diesen Ängsten heraus will er mit Ihnen vielleicht keine tiefere Liebesbeziehung eingehen. Das ist für Sie bestimmt sehr schwierig, andererseits machen Sie das ja schon lange mit. Und Sie profitieren doch auch davon.*

ANDREA »Schon, trotzdem wäre mir eine richtige Liebesbeziehung lieber. Ich träume nachts von diesem Mann und stelle mir vor, wie schön es mit uns beiden sein könnte.«

CORSSEN *Vermutlich fühlen Sie sich als Frau nicht richtig begehrt. Sie fragen sich, ob Sie denn so unansehnlich sind, daß er Sie nicht erotisch anziehend findet. Es ist aber möglich, daß er Sie sogar heimlich begehrt, aber eben auch die Angst hat, Sie und Ihre wertvolle Freundschaft zu verlieren, sobald er mit Ihnen ins Bett geht. Sie müssen das mal so sehen, daß Sie ihm als Mensch sehr viel geben können.*

ANDREA »Wenn ich ihn auf dieses Thema Liebe anspreche, sagt er immer, daß wir erst in zehn oder zwanzig Jahren über eine gemeinsame Zukunft reden können, dann, wenn er nicht mehr arbeitet. Aber das ist doch noch eine ewig lange Zeit.«

CORSSEN *Sie müssen sich darüber klarwerden, was auf Dauer Ihr Lebensziel ist. Wenn Sie heiraten wollen und sich Kinder wünschen, sollten Sie sich nicht zu sehr auf diesen Mann konzentrieren, denn da können Sie nicht mit ihm rechnen. Er will nicht mehr als Freundschaft, Sie wollen mehr. Nur er profitiert von dem augenblicklichen Stand der Dinge. Ihm geht es gut. Deswegen dürfen Sie aber nicht böse sein. Es ist nicht verboten, daß sich jemand das holt, was er haben will. Allerdings sollten Sie anfangen, sich auf Ihre eigenen Bedürfnisse zu konzentrieren. Denn wenn Sie zu lange auf ihn warten, werden Sie noch verbittert und werfen ihm vor, daß alles seine Schuld sei. Das trifft aber nicht zu. Er sagt genau, was er will, und Sie machen mit. Sie müssen jetzt selbst für sich bestimmen: Ist Ihnen dieser Mann so wichtig, daß Sie den Zustand akzeptieren, auch wenn Sie nicht glücklich sind? Oder wäre es nicht besser, sich einen anderen Mann zu suchen. Deswegen müssen Sie ja Ihren Künstler-Freund nicht verlieren. Sie können verheiratet sein und mit ihm eine schöne Freundschaft pflegen. Genau das, was er ja auch möchte. Mein Eindruck ist, daß Sie sich von der Idee verabschieden müssen, diesen Mann zu erobern. Dazu scheint es, wenn man mal die sechs Jahre betrachtet, zu spät zu sein.*

ANDREA »Irgendwie habe ich mir das auch schon gedacht. Trotzdem hänge ich so an ihm.«

CORSSEN *Natürlich ist es schön, so einen interessanten Menschen näher zu kennen. Das ist auch gut für Ihr Ego. Aber Sie bekommen von ihm bestimmt nicht genug Streicheleinheiten für Ihren Körper und Ihre Seele.*

ANDREA »Das stimmt. Ich fühle mich sehr oft alleine und unglücklich.«

CORSSEN *Holen Sie sich diese Streicheleinheiten woanders. Sonst fährt der Zug ohne Sie ab. Ich glaube sogar, daß Sie diesen Mann nicht verlieren, selbst wenn es einen anderen in Ihrem Leben gibt. Vermutlich wäre er sogar froh, wenn Sie anderweitig gebunden sind. Dann ist er aus dem Druck heraus, und Ihre Beziehung wird noch viel herzlicher.*

**Anruf von Markus L. (20):
Er ist in ein Mädchen verliebt,
dessen Eltern sehr reich sind.
Er dagegen kommt aus
kleinen Verhältnissen.
Kann so eine Beziehung überhaupt
gutgehen?**

CORSSEN *Wie lange kennen Sie dieses Mädchen schon?*

MARKUS »Wir sind jetzt seit vier Monaten befreundet.«

CORSSEN *Und haben Sie den Eindruck, daß Ihre Freundin darunter leidet, weil Sie weniger Geld zur Verfügung haben?*

MARKUS »Eigentlich leide nur ich darunter. Sie bekommt das gar nicht richtig mit. Aber wenn ich bei ihren Eltern bin, habe ich immer den Eindruck, daß die mich komisch anschauen. Ich spüre, die lehnen mich ab. Zwischen denen und mir ist eben ein richtiger Klassenunterschied.«

CORSSEN *Was machen Sie denn beruflich?*

MARKUS »Ich bin noch in der Lehre und werde als Elektrotechniker ausgebildet.«

CORSSEN *Glauben Sie, daß die Eltern Ihrer Freundin Sie ablehnen, weil Sie zu wenig besitzen oder weil Sie nichts darstellen?*

MARKUS »Eher, weil ich zu wenig darstelle. Ich komme mir bei denen einfach deplaciert vor. Wer bin ich für die schon? Nur so ein Lehrling. Da sind ja nicht nur die Eltern, sondern die ganze Clique meiner Freundin, alles Leute mit Abitur und viel Geld. Ich merke, daß ich zu denen nicht dazupasse. Das ist eine andere Art Gesellschaft.«

CORSSEN *Ich meine, daß Ihr größtes Problem mangelndes Selbstbewußtsein ist. Sie sind doch auch wer! Ein offenbar sehr netter, nachdenklicher junger Mann mit gutem Charakter, der dieses Mädchen liebt.*

MARKUS »Das mag schon stimmen. Aber wenn ich meine Freundin bei ihren Eltern besuche und mit meinem alten Ford Taunus vorfahre und die anderen mit ihren Cabrios und ihren chicen Klamotten aufkreuzen, dann fühle ich mich halt fehl am Platz.«

CORSSEN *Offenbar möchten Sie ja auch lieber Cabrio fahren, chice Klamotten tragen und das Abitur in der Tasche haben. Gerade deswegen sind Sie auf diesem Gebiet extrem empfindlich und für Kritik anfällig. Aber sehen Sie sich selbst doch einmal in einem anderen Licht. Klar, Sie sind Lehrling, und Sie fahren eine alte Kiste, trotzdem liebt Sie dieses Mädchen. Da müssen Sie doch irgendwo ein toller Bursche sein. Dieser Gedanke müßte Sie doch aufbauen!*

MARKUS »Ich habe auch schon darüber nachgedacht, warum meine Freundin ausgerechnet mich mag. Vielleicht bin ich nur im Moment für sie interessant.«

CORSSEN *So, wie Ihre Einstellung im Augenblick ist, besteht die Gefahr, daß Sie im Auftreten immer unsicherer werden. Wenn Sie sich selbst für uninteressant halten, werden Sie sich am Ende immer weniger zutrauen und für das Mädchen tatsächlich uninteressant werden. Ich glaube: Das Problem ist nicht, daß die Eltern Ihrer Freundin zu reich sind, sondern daß Sie schlicht zu viele Minderwertigkeitsge-*

fühle haben und dauernd ängstlich darauf warten, daß Sie tatsächlich jemand schlecht behandelt. Sie sollten stolz auf sich sein, sich sagen, daß Sie ein dufter Kerl sind und dazu stehen, daß Sie eine alte Kiste fahren. Deswegen müssen Sie sich vor niemandem rechtfertigen. Und jeder darf seinen Porsche haben. Deswegen sind das nicht Idioten, sondern auch nette Leute. Besuchen Sie die Familie Ihrer Freundin gelassen, schauen Sie den Eltern in die Augen, bekennen Sie sich zu Ihrer Liebe, erzählen Sie offen über Ihre Lehre und daß Sie die Ausbildung mögen. Hören Sie aber bitte auf, sich dauernd zu rechtfertigen, weil Sie nicht vollkommen sind, oder Alibis zu finden, warum Sie dies und jenes nicht machen oder nicht besitzen. Wenn Ihnen das gelingt, wenn Sie zu sich stehen, werden Sie plötzlich spüren, daß Sie frei von der Vorstellung sind, Sie könnten nichts taugen.

MARKUS »Das klingt alles ziemlich gut und auch nachvollziehbar. Aber was ist, wenn meine Freundin in den nächsten Wochen mit irgendeinem dieser chicen Typen durchbrennt?«

CORSSEN *Dann kann es sein, daß Sie sich vielleicht schon zu lange nichts zugetraut haben. Also: Ab heute entscheiden Sie sich, daß Sie für dieses Mädchen wertvoll sind. Wenn Sie diese Überzeugung in sich tragen, werden Sie das auch ausstrahlen. Sehen Sie, auch ich bin schon von Ihrer netten Art überzeugt. Und wenn sie mit einem anderen durchgeht, dann war sie eben nicht die Richtige für Sie.*

Geliebt wird, wer die Liebe in sich trägt

Viele Menschen leiden darunter, daß es für sie keine Liebe zu geben scheint. Ich aber behaupte, daß man der Liebe dann begegnet, wenn man sie in sich selber erschaffen hat. Man kann nur das wahrnehmen oder finden, was schon in einem ist, von dem man genau weiß, wie es ausschaut. Um also lieben zu können, definiert man ›Liebe‹ für sich selbst.

Und wenn man sich – gewiß nach einigen Anstrengungen – ein genaues Bild davon gemacht hat, orientiert man sich daran und lebt danach. Ich bin sicher, daß man dann auch dem begegnet, was der eigenen Definition und dem eigenen Verhalten entspricht.

Viele kluge Menschen haben ihre Meinung über die Liebe gesagt. Man kann das als Denkanstoß nehmen, aber man muß es nicht als die Wahrheit für sich akzeptieren. Und wenn man trotz der eigenen Schöpfung ›Liebe‹ unglücklich und ohne Liebe ist, könnte es daran liegen, daß man seine Idee von ihr nicht jeden Tag festgehalten und nicht danach gelebt hat. Übrigens: Man kann sich auch eine neue Liebes-Idee erschaffen und dann danach eigenverantwortlich leben.

PROBLEME MIT DEN ELTERN

**Anruf von Robert (20):
Wie soll er sich gegenüber seinem Vater verhalten?
Dieser ist nach 30 Jahren Ehe mit einer
21jährigen durchgebrannt**

CORSSEN *Haben Sie noch Kontakt zu Ihrem Vater?*

ROBERT »Nein, er ist unauffindbar. Aber er wird sich bestimmt mit mir in Verbindung setzen. Ich weiß nur nicht, wie ich mich ihm gegenüber verhalten soll. Mein Vater war immer ein starker Moralist. Ehre ging ihm über alles. Er hat auch darauf geachtet, wie er in Gesellschaft dasteht. Ich habe ihn stets respektiert und bin jetzt unheimlich enttäuscht. Wie konnte mein Vater die Familie so im Stich lassen?«

CORSSEN *Was möchten Sie erreichen? Daß Ihr Vater zurückkommt, obwohl er Sie und die Familie enttäuscht hat?*

ROBERT »Mir tut meine Mutter leid. Sie weint den ganzen Tag, ist mit den Nerven runter. Mich hat das auch geschlaucht, aber andererseits möchte ich zu meinem Vater ein gutes Verhältnis haben. Aber ich weiß nicht, wie ich mich verhalten soll, wenn ich ihn wiedersehe. Ausgerechnet er, der mir mit seinem Ehrbegriff das Leben so schwer gemacht hat, zieht jetzt so ein Ding ab. Wenn ich daran denke, kommen mir fast die Tränen.«

CORSSEN *Sie haben also Hemmungen, ihm gegenüberzutreten?*

ROBERT »Meine Enttäuschung ist so groß, weil mein Vater immer der große Moralist war. Als ich mich vor einem Jahr in eine Frau verliebte, die zehn Jahre älter war, geriet er außer sich und warf mir vor, daß so eine Beziehung nicht normal sei, und brach den Kontakt zu mir für ein halbes Jahr ab. Jetzt macht er das gleiche, nur andersherum. Aber hinter ihm liegen 30 Jahre Ehe.«

CORSSEN *Sie sind also schwer enttäuscht, weil er an Sie stets strenge Maßstäbe gestellt hat und für sich ganz anders handelt?*

ROBERT »Ja.«

CORSSEN *Trotzdem sollten Sie bei der ersten Begegnung auf keinen Fall moralisch sein. Ihr Vater hat wahrscheinlich Schuldgefühle und Angst vor Vorwürfen. Sagen Sie ihm ruhig, daß Sie von der Angelegenheit berührt, verwirrt und irritiert sind und daß Sie gerne von ihm selbst hören würden, wie alles gekommen ist, wie er sich jetzt fühlt und was seine nächsten Pläne sind. Also zuhören, fragen und noch keine*

Meinung äußern. Dann wird er sich Ihnen eher öffnen, weil er spürt, daß Sie nicht über ihn richten wollen. Zum Schluß können Sie aber ruhig erwähnen, daß Sie enttäuscht sind, weil Sie von ihm andere Sachen übers Leben gehört haben.

ROBERT »Was da passiert ist, kann ich ja sogar verstehen. Mein Vater ist 53 Jahre alt und hat immer nur für die Familie geschuftet. Alle kamen sie mit ihren Problemen zu ihm, meine Mutter, mein Bruder, ich. Er selbst hat niemand gehabt, an dessen Schulter er sich gelegentlich anlehnen konnte. Also ich kann akzeptieren, daß er plötzlich sagte: Ich will jetzt leben, ich will 'raus aus meinem Gefängnis. Für mich ist nur überraschend, daß er vorher immer so von Moral gepredigt hat. Wie kann ein Mensch sich so ändern?«

CORSSEN *Es ist ein bekanntes Phänomen, daß Menschen, die besonders viel über Moral reden und sich extrem nach Normen orientieren, es deswegen tun, weil sie oft Angst haben, daß sie einmal all das durchbrechen könnten. Vielleicht hatte Ihr Vater auch immer starke Sehnsucht nach einem freien Leben gehabt. Und um das bei sich selbst zu bekämpfen, wird er sich auf die Moral zurückgezogen haben und bekämpfte das, was er selber haben wollte, an Ihnen.*

ROBERT »Aber es ist unehrlich, wenn einer dauernd erzählt, wie wichtig die Ehe und der Zusammenhalt sind, und dann ganz anders reagiert.«

CORSSEN *Trotzdem ist es menschlich. Wenn Sie sich selbst beobachten, werden Sie feststellen, daß Sie auch oft das Gegenteil von dem tun, was Sie sagen. Davon sind wir alle nicht frei. Wenn Sie Ihren Vater treffen, sollten Sie also nicht diese vorwurfsvolle Ausstrahlung haben, sondern ihm zuhören und höchstens erwähnen, daß Sie enttäuscht sind. Mehr nicht. Wenn Sie so Ihrem Vater eine Art Geborgenheit vermitteln und das Gefühl, daß er nicht bestraft wird, ist die Möglichkeit am größten, daß er in die Familie zurückkehrt. Wenn Sie allerdings jetzt Front gegen ihn machen und mit der gleichen Waffe zurückschlagen — also mit der moralischen —, dann wird er das Kämpfen anfangen. Druck erzeugt Gegendruck. Dann kann es sein, daß er wirklich nicht mehr zurückkommt.*

Anruf von Annegret (18):
Sie macht eine Banklehre und hat die Prüfung verhauen.
Ihr ist das egal, weil ihr diese Arbeit überhaupt keinen Spaß macht, aber die Eltern sind enttäuscht

CORSSEN *Wollen Sie jetzt ohne Prüfung Ihre Lehre abbrechen?*

ANNEGRET »Ich möchte die Prüfung schon nachmachen, aber dazu müßte ich nicht mehr in der Bank arbeiten. Ich glaube schon, daß es gut ist, wenn man so einen Abschluß hat. Trotzdem will ich nicht mehr in der Bank arbeiten. Die Büroarbeit hat mir überhaupt keinen Spaß gemacht. Ich weiß nicht, wie ich die letzten drei Jahre durchgehalten habe...«

CORSSEN *Sie haben also den Eindruck, daß diese Tätigkeit nicht unbedingt Ihre Berufung ist?*

ANNEGRET »Überhaupt nicht. Ich möchte auf alle Fälle etwas anderes machen. Aber meine Eltern reißen mir den Kopf ab, wenn ich ihnen sage, daß ich nicht mehr in der Bank weiterarbeite.«

CORSSEN *Meinen Sie wirklich, daß Ihre Eltern so verständnislos reagieren?*

ANNEGRET »Ich habe meinen Eltern schon angedeutet, daß ich nach der Prüfung nicht mehr dort arbeiten will. Die sind echt ausgeflippt und haben mich beschworen, daß ich den tollen Job nicht hinschmeißen soll, weil man ja so eine Chance nicht alle Tage bekäme.«

CORSSEN *Also da möchte ich Ihnen Mut machen, alleine über Ihre Zukunft zu entscheiden. Sie sind schließlich kein Kind mehr. Aber natürlich ist zu verstehen, daß sich Ihre Eltern Sorgen machen und wollen, daß die Tochter einen sogenannten ordentlichen Beruf hat. Allerdings übersehen Ihr Vater und Ihre Mutter, daß Sie sich schon längere Zeit in der Bank gequält haben und offensichtlich überfordert sind, wie ich es verstehe.*

ANNEGRET »Dabei bin ich mit meinen Kollegen super zurechtgekommen. Ich glaube, ich war sogar ziemlich beliebt, und man hätte mich nach der Lehre auch gerne übernommen. Trotzdem liegt mir die Arbeit nicht. Bin ich undankbar, wie meine Eltern behaupten?«

CORSSEN *Reden Sie sich das nicht ein. Wenn Sie sich mit den anderen Angestellten in der Bank verstanden haben, ist das sehr erfreulich, aber deswegen muß Ihnen die Arbeit noch lange nicht liegen. Sie sind vermutlich ein Mensch, der Disharmonie nicht schätzt und zu allen recht lieb und nett ist. Aber die Gefahr ist jetzt, daß Sie zuviel Angst haben, Ihren Eltern die Meinung zu sagen, und daß Sie sich dann vielleicht doch wieder gegen sich selbst entscheiden. Irgendwann könnte es dazu kommen, daß Sie krank werden oder überhaupt keine Lust mehr zur Arbeit haben.*

ANNEGRET »Meine Eltern wollen immer über mich entscheiden. Sie lassen mich einfach nicht selbständig sein. Ich habe ihnen dauernd erklärt, wie mich die Arbeit in der Bank anödet, aber sie wissen es natürlich immer besser. Und jetzt sind sie außer sich, weil ich die Banklehre abbrechen und die Prüfung nicht nachholen will.«

CORSSEN *Meine Idee ist, daß sich Ihre Eltern da völlig raushalten müßten. Wenn sie Ihnen völlig freie Wahl ließen und überzeugt wären, daß Sie für sich richtig handeln, könnte es sogar sein, daß Sie die Banklehre bis zur neuen Prüfung weitermachen. Ich glaube, daß hier so eine Art Kraftprobe stattfindet und daß Sie darauf bestehen wollen, endlich für sich selbst zu bestimmen.*

ANNEGRET »Ja, das stimmt schon irgendwie. Ich versuche, selbständig zu werden, aber das gelingt mir nicht besonders gut.«

CORSSEN *Es besteht natürlich die Gefahr, daß Sie die Arbeit in der Bank nur aus Trotz gegenüber Ihren Eltern aufgeben. Vielleicht würde Ihnen der Job mehr Spaß machen, wenn Sie sich freiwillig dazu entschließen würden. Sie haben ja gesagt, daß Sie mit den Kollegen gut ausgekommen sind.*

ANNEGRET »Nein, ich möchte bestimmt nicht in der Bank bleiben. Mein Traum ist zum Beispiel, daß ich ins Ausland gehe, zum Beispiel als Au-pair-Mädchen. Ich habe das meinem Vater auch schon mal angedeutet, aber der brüllte mich sofort an und schimpfte, ich wäre noch viel zu jung, ich hätte vom Leben keine Ahnung.«

CORSSEN *Trotzdem sollten Sie den Mut aufbringen, nochmals mit den Eltern zu reden. Sagen Sie ihnen, daß es Sie traurig macht, wie ein kleines Kind behandelt zu werden, und daß die Gefahr besteht, daß Sie aus Trotz dann immer genau das Gegenteil machen, um ein bißchen mehr Profil und eigene Identität zu bekommen. Vielleicht sehen Ihre Eltern das ein und überlassen Ihnen die Entscheidung, ob Sie in der Bank weiterarbeiten oder nicht.*

ANNEGRET »Ich habe schon öfters versucht, mit meinen Eltern zu reden. Das funktioniert nicht, die wollen mein ganzes Leben regeln. Meine Mutter gibt mir laufend Ratschläge und ist eingeschnappt, wenn ich es nicht so mache, wie sie will.«

CORSSEN *Vielleicht probieren Sie es mit einem Kompromiß. Bleiben Sie noch solange in der Bank, bis Sie die Prüfung bestanden haben. Gleichzeitig könnten Sie sich über andere Berufsmöglichkeiten orientieren. In dieser einen Hinsicht geben Sie gegenüber Ihren Eltern nach, dafür setzen Sie sich jetzt in anderen Bereichen durch. Sie müssen ja nicht böse auf Ihre Eltern werden, aber Sie können ihnen sagen: Ihr seht das so, und ich sehe es anders. Ich bin jetzt volljährig und kann schon wählen. Deswegen wähle ich jetzt die Partei für mich, das ist die Ego-Partei, die Ich-Partei. Das ist nicht gegen euch gerichtet, sondern es ist für mich. Überhaupt ein wichtiger Satz, den Sie sich merken sollten: Ich mache nichts gegen euch, sondern ich mache es für mich. Je mehr Sie lernen, sich Ihren Eltern gegenüber zu äußern und sich durchzusetzen, desto eher verstehen die auch, daß Sie kein kleines Kind mehr sind. Aber Sie dürfen die Konfrontation nicht scheuen. Ich wünsche Ihnen viel Mut dazu.*

Anruf von Helen (17):
Ihr Vater rastet so schnell aus.
Sie hat schon richtig Angst vor ihm

CORSSEN *Über was regt sich Dein Vater auf?*

HELEN »Nur ein Beispiel! Ich habe neulich nach dem Abendessen aus Versehen Wurst und Käse zusammen in einen Frischhaltebeutel gegeben. Da ist er echt ausgeflippt und hat mich angeschrien. Dabei habe ich mich entschuldigt. Der ist doch nicht mehr normal.«

CORSSEN *Steht Dein Vater vielleicht zur Zeit unter starkem Streß?*

HELEN »Der hat immer Streß. Er ist auch sonst streng mit mir.«

CORSSEN *Wenn ein Mensch im beruflichen oder privaten Bereich nicht klar mit sich kommt, dann läßt er seinen Frust meistens an Menschen ab, vor denen er keine Angst hat. Vermutlich nimmt sich Dein Vater im Betrieb vor seinem Chef zusammen, aber zu Hause läßt er, wie man so sagt, die Sau 'raus. Dann trifft es eben Dich. Das ist zwar nicht besonders nett, aber menschlich.*

HELEN »Jetzt fährt meine Mutter noch drei Wochen weg. Ich weiß überhaupt nicht, wie ich mit meinem Vater klarkommen soll? Ich brauche nur mal ungeschickt zu sein, und schon schreit er. Als mir das mit der Wurst und dem Käse passiert ist, habe ich mich entschuldigt und gesagt, das wäre doch nicht so schlimm. Da ist er explodiert.«

CORSSEN *Mein Vorschlag wäre: Rede ihm seinen Ärger nicht aus. Die kleinen Ungeschicklichkeiten, die Dir passieren, sind wirklich nicht schlimm. Aber er empfindet es eben so. Und wenn Du ihm da widersprichst, ist das für ihn eine Art Angriff. Deswegen mußt Du Dich aber nicht vor ihm ducken. Wie ist überhaupt Deine Beziehung zu Deinem Vater?*

HELEN »Es geht so. Aber ich werde sofort sauer, wenn er mich ungerecht anfegt.«

CORSSEN *Überleg mal, offenbar habt ihr beide das gleiche Temperament. Ich rate Dir, ihn noch vor der Abreise Deiner Mutter um ein Gespräch zu bitten. Ganz offiziell. Erkläre ihm, daß Du Angst hast, Fehler zu machen, weil er dann immer so schimpft und schreit. Du wolltest ihm das deswegen sagen, weil Du sonst noch mehr Angst vor ihm bekämst. Er solle das wenigstens wissen. Du kannst ihm auch noch sagen, daß Du Dich bemühst, keine Fehler zu machen und daß Irren ja menschlich sei. Ich vermute, daß Dein Vater dieses Gespräch sehr ernst nehmen wird. Und vielleicht sich auch ein bißchen schämt, wenn er das nächstemal unbeherrscht losbrüllt. Wenn er wieder schreit, schaue ihn nur an, aber rechtfertige Dich nicht. Wird er ganz schlimm, erkläre ihm ruhig, daß Du jetzt wieder Angst hast. Aber werde selbst nicht ausfallend. Ich glaube, so kommst Du mit Deinem Vater am besten klar.*

Wie Kinder ihren Eltern helfen können

Bei den Klagen und Fragen der Jugendlichen geht es meist um dieselbe Thematik: Die Eltern sind zu autoritär und wollen mit allen Mitteln ihre Meinung durchsetzen, auch dann noch, wenn die Kinder schon volljährig sind. Da ja jeder recht hat... in seinem Denksystem, lasse ich mich nicht so gerne auf die Bewertung eines Verhaltens ein, sondern spreche mit dem Ratsuchenden über Einstellungsänderungen und von der Möglichkeit, über mehr Verständnis für die Eltern den Kampf gegeneinander zu beenden und so auch von ihnen frei zu werden. Meine Vorschläge dazu:

1. Deine Eltern haben ein Recht dazu, sich so viel Sorgen um Dich zu machen, wie sie wollen. Es spielt dabei auch keine Rolle, ob sie berechtigt sind oder nicht. Du brauchst Dich also nicht zu rechtfertigen. Ihren Kummer und ihre Ängste um Dich, die meist ein Ausdruck ihrer Liebe zu Dir sind, solltest Du ihnen also nicht ausreden.

2. <u>Mach Dir von Deinen Eltern kein Bild! Je besessener Du von ihnen verlangst, daß sie Dich verstehen und unterstützen</u>, desto enttäuschter und aggressiver wirst Du sein. Einige Jugendliche meinen wohl, daß Vater und Mutter bei einem Persönlichkeitswettbewerb den ersten Preis gewinnen müßten! Sie sollten also immer liebevoll, gerecht, ehrlich, offen, großzügig, klug, attraktiv, modern, aufgeschlossen und so weiter sein. Aber Eltern sind auch Menschen!

3. Hüte Dich davor, all Deine Schwierigkeiten Deinen Eltern in die Schuhe zu schieben. »Weil sie so mies waren, habe ich jetzt Probleme.« Du schadest Dir selbst am meisten damit und boykottierst Deine Persönlichkeitsentwicklung. Natürlich hast Du vieles von ihnen übernommen und hattest wegen ihrer Ängste und Schwierigkeiten oft Probleme. Hör auf, darüber zu jammern. Du kannst Dich heute neu entscheiden, kannst Deine eigenen Wahrheiten erschaffen, sie konsequent festhalten und danach leben.

4. Wenn Du noch nicht 18 bist, ist es noch schwer, Deinen Weg zu gehen, weil Du noch finanziell abhängig bist. Aber was Dich nicht umwirft, macht Dich härter. Und wenn die Eltern merken, daß Du Verantwortung übernimmst und Vereinbarungen – wenn Du sie triffst – auch einhältst, werden sie Dich ernst nehmen und Dir mehr Vertrauen schenken. Und wenn Du meinst, daß Du frei und erwachsen bist, wenn Du immer genau das Gegenteil von dem machst, was die Eltern von Dir wollen, irrst Du Dich gewaltig.

5. Du merkst, daß ich keine Lust habe, mit Dir im Chor Deinen Vater und Deine Mutter anzuklagen. Das ändert nämlich nichts! Nimm Du Deine Sache in die Hand. Du bist stärker als Du meinst und hast vielleicht noch die besseren Nerven. Wenn Du also mit den überforderten Eltern liebevoll umgehst, ihnen ein Modell an Verständnis und Toleranz bietest (jeder hat seine Wahrheiten), sie nicht beschimpfst, können sie sich an Dir orientieren und sich noch entwickeln.

Übrigens: Ähnliche Vorschläge mache ich auch den Eltern, die mich um Rat fragen.

DURCHSETZUNGS-VERMÖGEN

**Anruf von Heidi (42):
Sie kann sich nie durchsetzen.
Jetzt macht sie gerade einen
Fotosatzkurs, und zehn Leute
sollen an den beiden
Computergrafikgeräten üben.
Es gelingt ihr nicht,
da ranzukommen**

CORSSEN *Was haben Sie bisher versucht, um an die Geräte ranzukommen?*

HEIDI »Anfangs ging es einigermaßen gut. Da probierten alle noch herum, und weil sich keiner auskannte, haben wir es miteinander versucht. Jetzt ist der Kurs so weit fortgeschritten, daß jeder selbständig seine Sache durchzieht und ein Erfolgserlebnis sucht. Deswegen gibt es ein fürchterliches Gerangel um die Geräte. Ich habe es besonders schwer, weil ich unter neun männlichen Kursteilnehmern die einzige Frau bin. Außerdem sind die anderen viel jünger als ich und haben mit Computergeräten mehr Erfahrung. Für mich ist das totales Neuland. Ich brauche länger, um zu begreifen, was ich tun muß.«

CORSSEN *Sie haben es also noch schwerer, sich durchzusetzen, weil Sie mehr Zeit brauchen und sich vermutlich genieren, wenn Sie am Gerät so lange herumhantieren.*

HEIDI »Am schlimmsten ist es, wenn die anderen hinter mir stehen und sagen, ich solle mich beeilen. Dann setzt bei mir alles aus. Ich habe deswegen heute früh schon um 8 Uhr an dem Computergerät geübt, obwohl wir eigentlich erst um 13 Uhr anfangen. Aber das war ausnahmsweise möglich, und ich habe mich richtig wohlgefühlt und bei der Arbeit am Gerät sogar Spaß gehabt.«

CORSSEN *Können Sie nicht öfters versuchen, alleine an diesem Gerät zu üben?*

HEIDI »Das geht hin und wieder.«

CORSSEN *Die eine Möglichkeit ist, daß Sie alleine üben können. Denn bestimmt sind Sie immer sehr aufgeregt, wenn die anderen hinter Ihnen drängen. Dann lernen Sie vermutlich überhaupt nichts. Die zweite Möglichkeit, die ich Ihnen vorschlagen möchte: Klopfen Sie am Anfang des Unterrichts an ein Glas oder auf den Tisch und erklären Sie laut und deutlich, daß Sie ein Problem hätten. Sie wären hier die einzige Frau unter Männern, Sie wären es nicht gewohnt, sich durchzusetzen, und deswegen kämen Sie zum Üben nicht oft genug an die beiden Geräte. Sie würden das gerne mal in diesem Kreis diskutieren. Wenn Sie das so äußern, kann es sein, daß Sie bei den Männern eine Art fürsorgliches Verhalten auslösen.*

HEIDI »Ich habe das heute schon in ähnlicher Form versucht, aber irgendwie hatte das keine Wirkung. Die waren alle aufgebracht, weil sie mitbekamen, daß ich schon in der Früh an dem Gerät geübt habe. Ich hatte sogar den Eindruck, daß die Männer neidisch waren und heute nachmittag dafür sorgen, daß ich erst recht nicht an die Geräte rankomme. Im übrigen sehe ich es auch irgendwo nicht ein, daß ich frühmorgens an diesem Gerät üben muß, nur weil ich während der normalen Unterrichtszeit nicht rankomme.«

CORSSEN *Sie sollten klarstellen, daß Sie gezwungenermaßen in der Früh üben müssen, weil Sie sonst nicht ausreichend an die Geräte kommen. Am besten arbeiten Sie jetzt einen Zeitplan aus, wie jeder gleich lang an die Geräte darf, damit niemand darum boxen muß. Sagen Sie den anderen, daß man diesen Zeitplan bitte einhalten möge, weil Sie selbst sich nicht so gut durchsetzen können. Und wenn garantiert wäre, daß Sie auch ans Gerät könnten, dann müßten Sie nicht außerhalb der Unterrichtszeit üben.*

HEIDI »Mich wundert, wie sich einige Typen da durchsetzen können. Da gibt es einen, der immer am Gerät sitzt und behauptet, er sei noch nicht drangewesen und er müsse jetzt üben. Der kann schon fast alles, weil er ständig am Gerät ist. Ich habe schon versucht, ihm abzugucken, wie er das macht, das gelingt mir aber nicht.«

CORSSEN *Es hat keinen Sinn zu beobachten, wie sich andere durchsetzen können. Sie müssen es auf Ihre eigene Art versuchen. Ich habe Ihnen einige Anstöße gegeben. Nur Mut. Den haben Sie doch schon dadurch bewiesen, daß Sie diese Ausbildung angefangen haben.*

Anruf von Uta (37):
Sie wird von allen Bekannten als seelischer Mülleimer benutzt. Sie hat zwar die Nase davon voll, aber sie traut sich nicht, einfach abzublocken

CORSSEN *Warum glauben Sie, kommt man mit Problemen immer zu Ihnen?*

UTA »Keine Ahnung. Jeder ruft mich an, heult sich bei mir aus. Ich versuche schon, meinen Freunden und Bekannten zu helfen. Aber irgendwann wird einem das zuviel. Und wenn ich mich down fühle, ist niemand da, der mir zuhört.«

CORSSEN *Sind Sie so langsam in diese Helfer-Rolle 'reingerutscht?*

UTA »Das ist keine Rolle. Das steckt irgendwie in mir. Mir tun die Leute leid, die sich an mich wenden. Und ich bring's einfach nicht fertig zu sagen, ihr könnt mich jetzt mal alle...«

CORSSEN *Natürlich könnten Sie das sagen. Sie wollen es nur nicht sagen. Sie haben Angst, Ihre Mitmenschen zu verletzen.*

UTA »Ich bin vermutlich ganz schön dämlich.«

CORSSEN *Nein, Sie gehen sehr liebevoll mit anderen Menschen um. Und weil Sie Ihre Freunde und Bekannten mit Ihrer Anteilnahme immer verwöhnt haben und Ratschläge gaben, fällt es Ihnen jetzt schwer, brutal zu sagen: Mir reicht's.*

UTA »Ganz genau. Aber heute war schon wieder so ein Fall. Eine Bekannte rief an und schüttete mir stundenlang ihr Herz aus. Dabei war ich in Eile, mußte etwas erledigen und fühlte mich auch nicht besonders wohl. Was mich so ärgert: Diese Frau kümmert sich sonst wenig um mich. Warum ruft die jetzt ausgerechnet mich an?«

CORSSEN *Weil Sie gut zuhören können. Es ist ungemein selten, daß jemand wirklich zuhört. Deswegen gibt es schon echte Profi-Zuhörer am Telefon, die sich gegen Gebühr einfach nur die Sorgen anderer Leute anhören.*

UTA »Also so einen Laden mache ich auch sofort auf.«

CORSSEN *Ich meine, Sie sollten jetzt nicht plötzlich damit aufhören, Ihren Bekannten und Freunden zuzuhören. Das ist ein Teil von Ihnen, und es ist etwas sehr Liebenswertes, daß andere Menschen bei Ihnen immer ein offenes Ohr finden...*

UTA »Ich finde das sehr nett, daß Sie mir das sagen.«

CORSSEN *Ich meine es ernst, weil es ja wirklich so ist, daß wir mehrere Teilpersönlichkeiten in uns haben. Da ist eine Teilpersönlichkeit, die sehr liebevoll, sehr mitleidig ist und zuhört. Dann haben Sie aber noch eine andere Teilpersönlichkeit in sich, die aktiv ist, selbst mal was erzählen und sich gegenüber anderen durchsetzen will.*

UTA »Aber irgendwann muß Schluß sein. Ich kann mir diesen ganzen Seelenkram nicht für den Rest meines Lebens anhören. Ich habe in meinem Bekanntenkreis zwei Kandidaten, die ich immer wieder seelisch aufrichten muß. Das schlaucht mich auch, ich leide mit denen mit.«

CORSSEN *Ich kann Ihnen einen Tip geben, wie Sie es verhindern, dauernd nur als seelischer Mülleimer mißbraucht zu werden. Beim nächsten Mal, wenn Ihnen wieder jemand sein Herz ausschütten will, sagen Sie klipp und klar: Ich habe dir sehr viel zugehört, und das hat mich auch interessiert, aber jetzt kann ich nicht mehr. Ich bin leer, und sei mir nicht böse, ich möchte dazu nichts mehr sagen und möchte es auch nicht mehr hören. Das richtet sich nicht gegen dich, ich habe Respekt vor deinen Problemen, aber momentan kann ich nichts mehr aufnehmen, weil ich selbst erschöpft bin.*

UTA »Das versuche ich gerne, aber die sind ja alle so sensibel...«

CORSSEN *Wenn Sie das so machen, ist es schon möglich, daß einige Ihrer Bekannten nicht mehr so häufig kommen, weil Sie nur in der Rolle der Zuhörerin wichtig waren. Aber wenn die wegbleiben, die Sie nur als seelischen Mülleimer benutzen, ist es vermutlich nicht so schlimm.*

UTA »Auf die kann ich echt verzichten.«

CORSSEN *Bisher haben Sie immer andere gerettet, aber Sie haben auch eine moralische Verpflichtung sich selbst gegenüber. Jetzt müssen Sie sich retten. Sie dürfen sich nur nicht vorwerfen, daß Sie anderen immer zugehört haben. Das ist nicht Doofheit, sondern ein liebevoller Akt. Wichtig ist nur, daß Sie sich jetzt nicht brutal zurückziehen und die anderen vor den Kopf stoßen. Die kennen Sie so, wie Sie sich bisher gegeben haben.*

UTA »Die hören mir ja nie zu, die laden nur ihre eigenen Probleme ab.«

CORSSEN *Wie gesagt, daran sind Sie beteiligt. Es gibt Leute, die häufig über sich reden und deshalb auch nicht gut zuhören können. Und dann gibt es Leute wie Sie, die eben mehr zuhören und vielleicht gar nicht so leicht über sich selbst reden können. Trotzdem: Geben Sie sich einen Ruck, sagen Sie ›nein‹ und gestatten Sie sich, auch den anderen Zeit wegzunehmen, damit die Ihnen mal zuhören.*

Anruf von Andrea (30):
Sie kann sich nirgendwo durchsetzen. Immer versucht sie es allen recht zu machen. Darunter leidet ihr Selbstbewußtsein.
Sie findet sich dumm und ungeschickt

CORSSEN *Waren Sie schon immer so selbstkritisch, oder hat sich das erst in den letzten Jahren entwickelt?*

ANDREA »Ich habe mich früher auch nicht sehr gut leiden können. Aber seit einem Jahr ist es besonders schlimm. Ich grübele über meine Probleme nach und weiß nicht, was ich tun soll.«

CORSSEN *Was ist denn passiert? Sind Sie verlassen worden, oder hat man Ihnen gekündigt?*

ANDREA »Mein Hauptproblem liegt im Beruf. Ich wollte immer etwas Tolles machen, damit ich ein bißchen besser dastehe, und das ist halt meistens in die Hose gegangen.«

CORSSEN *Was meinen Sie mit dem ›besser dastehen‹?*

ANDREA »Ich wollte besser dastehen als meine Mutter. Meine Mutter hat mich immer gedrängt, in die Fabrik zu gehen. Das wollte ich aber nie.«

CORSSEN *Und was wollten Sie?*

ANDREA »Mein Traumberuf war Technische Zeichnerin. Aber das hat mir meine Mutter nicht erlaubt.«

CORSSEN *Und was ist jetzt im letzten Jahr passiert? Gab es irgendeinen Reinfall? Merken Sie, daß Sie sich überfordert oder überschätzt hatten?*

ANDREA »Ich habe in einem anderen Beruf angefangen, im Büro, und ich mag die Kollegen sehr gerne. Die achten mich auch. Aber ich kann mich nicht durchsetzen. Ich merke das immer wieder. Wenn ich zum Beispiel etwas will und ein Kollege ist dagegen, traue ich mich nicht, es durchzusetzen. Ich mag mich mit niemandem verkrachen.«

CORSSEN *Sie wollen es also jedem recht machen. Sie möchten geachtet und geliebt werden und haben vermutlich Schwierigkeiten, wenn zwei Kollegen plötzlich Verschiedenes von Ihnen verlangen. Dann denken Sie, oh Gott, jetzt verletze ich einen.*

ANDREA »Ganz genau. Immer stehe ich zwischen zwei Menschen und will bloß niemanden verletzen.«

CORSSEN *Sie meinen, daß Sie nur dann gemocht werden, wenn Sie was Gutes tun, Leistung erbringen. Deshalb haben Sie auch immer versucht, beruflich mehr zu schaffen. Sie haben das Gefühl, man könne Sie nicht respektieren, wenn Sie nicht etwas Großartiges auf die Beine stellen. Aber da befinden Sie sich auf einer gefährlichen Bahn, weil Sie immer mehr von sich verlangen werden, immer mehr versuchen, Ihre Leistung noch zu steigern. Das ist wirklich gefährlich, weil Sie so nie die Erfahrung machen können, daß Sie auch geliebt werden, einfach so wie Sie sind. Meine Idee ist, daß Sie schon als Kind zu selbstkritisch waren und dauernd das Gefühl hatten, nichts zu taugen. Vielleicht hat Ihre Mutter Sie nur dann gelobt, wenn Sie irgend etwas Tolles gemacht hatten. In Ihnen steckt jetzt ganz stark der Komplex: So wie ich bin, tauge ich nichts.*

ANDREA »Ja, das denke ich wirklich. Ich habe schon meinem Freund gesagt, es ist besser, wenn er geht. Ich will ihm das nicht antun, so wie ich in letzter Zeit beieinander bin. Dauernd kriege ich Heulkrämpfe...«

CORSSEN *Merken Sie, wie schnell Sie bereit sind, sich auch als gesamte Person nicht mehr ernst zu nehmen und abzuwerten? Wenn Sie das mal richtig durchleuchten würden, kämen Sie dahinter, daß das nur ein angelerntes Verhalten ist. Irgendwann haben Sie etwas nicht gekonnt, da ist Ihnen zum Beispiel die Skibindung aufgegangen, und Sie haben sie nicht schnell genug wieder zubekommen, schon halten Sie sich für eine Flasche. Das hängt — psychologisch gesehen — damit zusammen, daß Sie meinen, Sie müßten wahnsinnig gut sein. Daß Sie sogar größenwahnsinnig meinen, Sie müßten alles sofort können.*

ANDREA »Irgendwie haben Sie den Nagel auf den Kopf getroffen. Letztes Mal beim Skifahren bin ich am Lift aus der Spur gekommen und hingefallen. Das war mir so wahnsinnig peinlich, am liebsten hätte ich mich ins letzte Mauseloch verkrochen.«

CORSSEN *Ein schöner Beweis, daß Sie wegen eines einzigen Fehlers gleich Ihre Gesamtpersönlichkeit abwerten. Wenn Sie sich das bewußtmachen, werden Sie etwas weniger kritisch mit sich sein. Ich empfehle Ihnen ein Abendgebet. Sagen Sie sich jedesmal vor dem Einschlafen: Ich verzeihe mir und wünsche mir alles Gute. Und das sollten Sie ernst nehmen. Denn wenn Sie sich so kritisch sehen, werden Sie auch bald bei anderen Menschen kritisch sein. Wenn Sie sich nichts mehr verzeihen, dann verzeihen Sie auch anderen nichts mehr. Und dann werden Sie sich immer mehr verfolgt und abgelehnt fühlen.*

ANDREA »Ja, in letzter Zeit ist es immer schlimmer geworden. Ich glaube, niemand schätzt mich richtig.«

CORSSEN *Also, heute abend fangen Sie damit an. Sie verzeihen sich, daß Sie ein Mensch sind. Sie sind nicht der liebe Gott. Sie werden immer wieder Fehler machen. Und ich sage Ihnen: Fehler machen ist sympathisch und menschlich. Niemand verlangt, daß Sie immer perfekt sind. Sie werden merken, daß Sie noch mehr Erfolg haben, wenn Sie sich zu sich bekennen und sagen: Daß ich da bin, ist schon ein*

Zum Durchsetzen gehört Selbstliebe

Es ist verständlich, daß Menschen, die ihre Bedürfnisse nicht zu äußern wagen, geschweige denn sie durchzusetzen, traurig, ärgerlich und sogar krank werden. Für Wohlbefinden und Zufriedenheit ist es deshalb unvermeidlich zu wissen, was man braucht und mag, das auch zu formulieren und sich dann darum zu bemühen.

Aber auch wenn der Ängstliche die Sätze »Ich bin jetzt dran…«, »Ich möchte gerne…« oder »Das mag ich nicht…« aussprechen kann, benutzt er sie jedoch meist nicht, weil er annimmt, daß es ihm gar nicht zusteht, etwas zu verlangen. Bevor man sich seines eigenen Wertes nicht bewußt ist, wird man fast automatisch den anderen den Vorzug lassen. Mangelndes Durchsetzungsvermögen ist immer die Folge von fehlendem Selbstwertgefühl. Die Ängste und negativen Erfahrungen des Kindes, nur akzeptiert zu werden, wenn es ›lieb‹ ist, d. h. andere nicht stört, sind hauptsächlich für diese Entwicklung verantwortlich.

Folgende Punkte gilt es besonders zu beachten:

1. Eine Änderung der Einstellung zu sich selbst. Noch heute entscheide ich mich, daß ich mich akzeptiere. Einfach nur so. Trotz all meiner Schwächen und Defizite: »Ich

Wert. Und wenn ich eine tolle Leistung erbringe, ist es völlig in Ordnung, aber es hat nichts mit meinem Wert zu tun. Wenn Sie merken, daß Sie es trotz dieser Erkenntnis nicht schaffen, dann sollten Sie in eine Selbsterfahrungsgruppe gehen, um noch stärker zu spüren, daß es wirklich nicht darauf ankommt, für die Liebe etwas zu leisten. Denken Sie daran, daß Sie ein Mensch sind, und zwar ein netter.

mag mich«. Die tiefe Sehnsucht des Menschen ist es, so geliebt zu werden, wie er ist. Und *ich* muß damit anfangen. Andere werden dann folgen. Die Selbstliebe ergibt sich also nicht, sie ist mein eigener Schöpfungsakt! Mit diesem Vorgang nimmt übrigens der Anspruch ab, von allen um jeden Preis geliebt zu werden.

2. Ich werde mir darüber bewußt, daß ich immer irgendeinen aufhalte, ärgere oder ihm im Weg stehe, wenn ich den meinen gehe. Das ist eben so. Wenn er mir deshalb Schuldgefühle macht, sage ich ihm: Ich mache es nicht gegen dich, sondern für mich.

3. Um mich nicht zu isolieren und um ernstgenommen zu werden, ist es notwendig, daß ich über meine Wünsche spreche. Wenn die anderen keine Signale von mir bekommen, werden sie mich übersehen. Oder sie werden wegen ihrer Unsicherheit in bezug auf mich ablehnend und aggressiv. Viele meinen, daß es schon egoistisch sei, überhaupt seine Wünsche zu äußern. Das stimmt nicht!

4. Ab heute stoppe ich Sätze wie »Ich bin feige...«, »Ich kann mich nicht durchsetzen...« und »Ich bin nichts...«. Diese negativen Selbstsuggestionen ersetze ich durch die positive Selbsthypnose: »Ich bin mutig...«, »Ich sage, was ich will...«, »Ich bin liebenswert...«. Tägliche Wiederholungen – vielleicht immer beim Zähneputzen über lange Zeit – können Wunder wirken. Man wird zu dem, was man denkt.

PRÜFUNGSANGST

**Anruf von Patrick E. (27):
Er studiert Elektronik und leidet
unter Prüfungsangst.
Bei jedem Examen hat er ein
totales Blackout,
auch wenn er vorher wochenlang
gebüffelt hat**

CORSSEN *Haben Sie auch schon als Schüler Prüfungsängste gehabt?*

PATRICK »Auf dem Gymnasium hatte ich nie Probleme. Das fing erst an der Uni an. Den Lehrstoff konnte ich mir zwar immer problemlos aneignen, aber die entscheidenden Prüfungen habe ich immer versiebt...«

CORSSEN *Kann es sein, daß Ihnen der große Laden an der Uni mit all seiner Anonymität den Mumm genommen hat?*

PATRICK »Der Stoff wird zu kompliziert gebracht. Und die Professoren setzen oft ein Wissen voraus, das ich noch nicht habe.«

CORSSEN *Das geht natürlich anderen Studenten auch so. Aber vielleicht fehlt Ihnen wirklich Basiswissen und Sie müssen mehr lernen als die anderen. Das verunsichert Sie bestimmt und Sie haben das Gefühl, nicht mithalten zu können.*

PATRICK »Ich bin schon ziemlich deprimiert. Ich habe überhaupt keine Lust mehr zu lernen. Es scheint alles so sinnlos zu sein.«

CORSSEN *Könnte es nicht auch sein, daß Ihnen für das Fach Elektrotechnik einfach die Begabung fehlt?*

PATRICK »Das habe ich mir natürlich auch schon überlegt.«

CORSSEN *Es wäre tragisch, wenn Sie sich da in eine Prüfungsneurose hineinsteigern würden, durch die Sie immer verbitterter und verspannter werden. Vielleicht besitzen Sie diese Art Intelligenz, die für ein Elektronik-Studium gebraucht wird, nicht so stark wie zum Beispiel soziale Intelligenz.*

PATRICK »Ich hatte aber einmal einen Dozenten, der es fertigbrachte, den Lehrstoff absolut verständlich zu vermitteln. Da dachte ich mir, daß es bei mir womöglich nicht an der fehlenden Begabung liegt, sondern einfach am falschen Unterricht der Professoren.«

CORSSEN *Man könnte sagen, daß Sie ein Mensch sind, der besonders viel Sympathie empfinden muß, um für Informationen offen zu sein. Sowas kommt vor. Andere Studenten sind da weniger sensibel.*

PATRICK »Manchmal habe ich tatsächlich das Gefühl, daß ich anders als die anderen bin. Ich empfinde mich als einen sehr vielseitigen Menschen mit unterschiedlichsten Interessen. Ich verstehe nicht, daß die meisten meiner Kommilitonen nur das Studium im Kopf haben.«

CORSSEN *Auch ich habe bei diesem Gespräch mit Ihnen den Eindruck, daß Sie ein kreativer und vielseitiger Mensch sind. Da fällt Ihnen sicher das nüchterne Studium der Elektrotechnik nicht immer leicht. Kann sein, daß Ihr Unterbewußtsein Sie davor schützt, sich in eine Sache hineinzustürzen, die Ihnen in Wahrheit nicht liegt. Bei vielen Studenten, die ich in meiner Praxis ebenfalls wegen solcher Prüfungsängste berate, stelle ich fest, daß sie Angst haben, ein Examen zu bestehen, weil sie dann einen ungeeigneten Beruf ausüben müßten. Deswegen versagen sie unbewußt bei jeder Prüfung. Sie sollten sich also bitte nicht zu diesem Studium zwingen. Und wenn Sie es trotzdem durchziehen wollen, müssen Sie mit Ihrem Unterbewußtsein eine Art Vertrag abschließen. Sagen Sie sich, daß Sie zwar das Studium zu Ende führen, den Beruf aber nicht ausüben müssen. Sie sollten sich jetzt nicht in den Gedanken hineinsteigern, daß der Stoff falsch unterrichtet wird oder daß es an den Lehrmethoden liegt. Sie müssen bereit sein, die Grenzen Ihrer Begabung in diesem Bereich zu akzeptieren.*

PATRICK »Aber das Fach interessiert mich schon, und wenn ich einen geeigneten Dozenten finden könnte, der mich motiviert, könnte ich es schaffen.«

CORSSEN *Das ist Ihr Problem: Solange Sie nur lernen können, wenn Sie den richtigen Dozenten finden, sind Sie abhängig und damit in einer Ohnmachtssituation. Sie sollten sich von der fixen Idee lösen, daß es nur mit Unterstützung anderer geht. Halten Sie sich nicht länger damit auf, sich aufzuregen, wie schlecht die Professoren sind. Übernehmen Sie die Verantwortung selbst. Mein persönlicher Rat an Sie wäre noch, sich drei Wochen zurückzuziehen und überhaupt nichts zu lernen, um wieder Motivation zu bekommen oder aber dieses Studium aufzuhören.*

Anruf von Lena S. (34): Was kann sie tun, damit ihr Sohn besser in der Schule wird? Sie lernt täglich mit dem Achtjährigen, aber er versagt bei jeder Prüfung

CORSSEN *Wie viele Stunden lernen Sie täglich mit ihm?*

LENA »Ich kontrolliere seine Hausaufgaben und überprüfe, was er gelernt hat. Ich lasse ihn zum Beispiel oft ein Diktat schreiben. Das ist in der Schule sein schwacher Punkt. Da macht er besonders viele Fehler, die ihm zu Hause nie passieren. Insgesamt übe ich täglich ein bis zwei Stunden mit ihm.«

CORSSEN *Grundsätzlich ist es gut, daß Sie sich so um Ihren Sohn kümmern. Aber das hat auch eine Kehrseite. Wenn Sie ihm das Diktat unter mütterlichem Schutz geben, wird er null Fehler schreiben. Bei Ihnen fühlt er sich geborgen und ist nicht aufgeregt. Wenn er aber in der Schule sitzt, wo das pädagogische Prinzip, das väterliche Prinzip, das fordernde Prinzip angesagt ist, wo es also darum geht, eine ganz genaue Zeit einzuhalten, unter Streß, mit Konkurrenz, mit einem strengen Lehrer, der ihn nicht besonders beachtet, dann ist er bestimmt viel aufgeregter.*

LENA »Ich möchte noch sagen, daß es speziell um ein Diktat geht, das die Kinder zu Hause üben müssen, weil es am nächsten Tag in der Schule gegeben wird. Das ist eine Hausaufgabe, die mehr oder weniger an die Eltern delegiert wird.«

CORSSEN *Mich persönlich ärgert, daß Lehrer davon ausgehen, daß die Eltern zu Hause die Schule fortsetzen. Auf diese Weise müssen auch die Eltern Lehrer spielen, und das belastet die Beziehung zum Kind. Auf der einen Seite stehen die Wünsche der Eltern, daß ihr Kind gut abschneidet, auf der anderen Seite hat das Kind Angst, seine Mutter und seinen Vater zu enttäuschen. Sicher merkt Ihr Sohn, wie sehr Sie sich mit ihm anstrengen, und dadurch kommt es bei ihm zu großer Anspannung, weil er es Ihnen recht machen will.*

LENA »Er ist ganz schön frustriert, wenn es mal wieder nicht in der Schule geklappt hat. Und das passiert oft.«

CORSSEN *Natürlich! Er denkt, jetzt hat sich meine Mama so angestrengt, und ich kann ihr keinen Erfolg bringen. Sie wissen ja, daß manche Eltern auch sagen:* ›Wir‹ *haben eine 2 geschrieben...*

LENA »Stimmt, das rutscht mir auch manchmal so heraus, vor allem, wenn wir beide stundenlang gelernt haben.«

CORSSEN *Ich möchte Ihnen, und überhaupt allen Eltern, raten, die Schule zu versachlichen. Bei einer guten Note nicht zu euphorisch zu loben und bei einer schlechten nicht zu streng zu tadeln. Denn je mehr die Kinder Schulleistungen mit dem guten Haussegen verbinden, desto angestrengter sind sie in Prüfungssituationen. Sie stehen dann unter zu starkem Druck, weil sie zu Hause nicht mit Vorwürfen empfangen werden wollen, und entwickeln deshalb Ängste.*

LENA »Ich habe mich schon gefragt, warum mein Sohn so ungern zur Schule geht.«

CORSSEN *Ich empfehle Ihnen, wenn Ihr Sohn nach Hause kommt, das Thema Schule zunächst völlig auszuklammern. Erzählen Sie ihm, was es zu essen gibt, lenken Sie ihn ab, erlauben Sie ihm, sich zu entspannen und lockerer zu werden. Erst wenn er selber von der Schule anfängt, hören Sie ihm zu, fragen aber nicht gleich zu genau nach. Sonst blockt er plötzlich, wird verkrampft, sagt nichts mehr. Wenn Sie zuviel mit ihm über die Schule sprechen, wird alles, was damit zusammenhängt, überbewertet. Das führt zu Schulversagen. Und noch ein wichtiger Punkt: Es ist zwar gut, wenn Sie seine Hausaufgaben kontrollieren, aber sitzen Sie nicht dabei, wenn er sie macht. Lassen Sie ihn alleine. Er gewöhnt sich sonst zu sehr an den mütterlichen Schutz. Wenn er dann ohne Sie in der Schule sitzt, fühlt er sich verlassen und hilflos. Wenn Sie das einhalten, werden Sie merken, wie Ihr Sohn die Schule auf Dauer lockerer nimmt, etwas lässiger. Und loben Sie ihn auch mal so, also nicht nur für Leistungen, die er aus der Schule mitbringt. Wenn Sie mit ihm zusammen sind, beim Spazierengehen, im Tierpark, beim Einkaufen, nehmen Sie Ihren Jungen in den Arm, sagen Sie ihm, schön, daß Du da bist. Dann fühlt er, daß Sie ihn auch dann lieben, wenn er nichts Besonderes tut. Und das schenkt ihm auf Dauer Selbstvertrauen.*

LENA »Vielen Dank, daß Sie mir das so ausführlich erklärt haben. Ich glaube tatsächlich, daß ich meinen Jungen zu sehr beschützt habe. Deswegen ist er vermutlich auch so ein Stubenhocker geworden. Ich probier's mal so, wie Sie es vorgeschlagen haben.«

**Anruf von Sybille N. (16):
Sie gerät in Panik,
wenn sie an die
Hauptschulabschlußprüfung
denkt.
Das Lernen fällt ihr so schwer.
Wie schafft sie es,
sich besser zu konzentrieren?**

CORSSEN *Wann ist denn die Prüfung?*

SYBILLE »In sechs Wochen. Mir wird ganz schlecht, wenn ich daran denke.«

CORSSEN *Hast Du vor jeder Prüfung solchen Bammel oder nur bei dieser?*

SYBILLE »So nervös war ich noch nie. Aber meine Mutter verstärkt den Streß.«

CORSSEN *Was sagt sie denn so?*

SYBILLE »Ich bin in Mathematik nicht so gut und habe die letzte Prüfung mit einer 6 verhauen. Jetzt unkt sie rum, daß ich den Hauptschulabschluß nie schaffe, wenn ich so weitermache.«

CORSSEN *Bist Du schon mal in einer Klasse hängengeblieben?*

SYBILLE »Nein, ich bin eine mittelmäßige Schülerin, nur Mathe ist mein Schwachpunkt.«

CORSSEN *Und wie sieht es in den anderen Fächern aus?*

SYBILLE »In Arbeitslehre habe ich eine 4, in Englisch auch.«

CORSSEN *Hast Du für Mathe zu wenig gelernt?*

SYBILLE »Nein, ich habe schon gelernt, viel sogar, aber für dieses Fach bin ich einfach nicht begabt. Ich begreife nichts.«

CORSSEN *Das kann man sich natürlich auch einreden. Vielleicht bist Du für Mathe gar nicht so unbegabt. Aber weil Du jetzt blockiert bist und etwas nicht begreifst, machst Du es dir einfach und sagst: Lernen hat sowieso keinen Sinn bei mir. Das ist eine gefährliche Sache, denn das wirkt wie Selbsthypnose, wenn Du Dir immer einredest: Ich bin zu blöd, ich bin zu blöd, ich bin zu blöd... dann findest Du Dich irgendwann wirklich blöd und verhältst Dich auch so. Aber erkläre mir doch bitte, was passieren wird, wenn Du wirklich bei dieser Prüfung durchfällst?*

SYBILLE »Ich möchte vier Wochen in die Türkei fahren, und das wird mir meine Mutter dann nicht erlauben.«

CORSSEN *Und was passiert noch?*

SYBILLE »Ich möchte auf eine Wirtschaftsschule gehen und wenn ich den qualifizierten Hauptschulabschluß nicht habe, muß ich eine gesonderte Aufnahmeprüfung machen, für die ich total büffeln müßte.«

CORSSEN *Ich verstehe, wenn Du den Hauptschulabschluß nicht schaffst, hast Du gleich zwei schlimme Nachteile. Von dieser Prüfung hängt allerhand ab. Das ist natürlich dumm, denn dadurch gerätst Du in Panik. Da steigert man sich in die Prüfungsangst richtig hinein, weil man glaubt, daß alles von diesem Examen abhängt. Das ist natürlich Unsinn. Wenn Du wirklich durchfällst, fährst Du halt ein Jahr später in die Türkei. Das mußt Du Dir ganz ruhig überlegen. Es ist besser, wenn Du das Schlimmste, was Du befürchtest, Dir vorstellst und durchdenkst. Überlege Dir ruhig, was Du machst, wenn Du durchfällst. Dadurch wirst Du wieder ruhiger und gelassener. Du hast dann nicht mehr so schlimme Angst, weil Du einfach begreifst, daß Du auch diese Niederlage überstehen kannst.*

SYBILLE »Aber meine Mutter dreht durch, wenn ich durchfalle.«

CORSSEN *Grüß sie von mir und richte ihr aus, ich kann gut verstehen, daß sie sich Sorgen macht. Wahrscheinlich meint Deine Mutter, Du hättest zu wenig gelernt oder zu sehr an die Disco gedacht. Mach Dir klar, daß Deine Mutter sauer sein darf, wenn Du nicht bestehst – aber das hat nicht so viel mit Dir zu tun; Du hast durch die verpatzte Prüfung ein paar Nachteile, aber letztlich ist es ihr Problem, wenn sie sich in den Ärger so reinsteigert. Mach Deiner Mutter ruhig klar, daß Dein Streß schlimmer wird, wenn sie Dir jetzt so vieles androht. Ich erinnere mich, daß meine Mutter mir versprochen hat, daß wir zusammen eine schöne Reise machen, falls ich das Abitur nicht bestehe. Als Trost. Ich finde das schön, wenn man so getröstet wird, wenn man irgend etwas nicht schafft. Versuch das Deiner Mutter auch mal klarzumachen. Wichtig ist aber, daß Du Dir selbst keine Vorwürfe machst, wenn Du nicht bestehst. Das ist wirklich nicht so schlimm.*

SYBILLE »Eigentlich finde ich es auch nicht so dramatisch. Wenn ich nur nicht diese Schmetterlinge im Bauch hätte, sobald es ans Lernen geht. Ich bin so unkonzentriert.«

CORSSEN *Dazu empfehle ich Dir folgendes: Wenn Du vor Deinen Schulaufgaben sitzt, mache erst einmal die Augen zu und atme zehnmal ruhig ein und aus. Konzentriere Dich besonders auf das Ausatmen. Anschließend fängst Du zu arbeiten an. Diese einfache Atemübung wiederholst Du jedesmal, wenn Du in Panik gerätst. Mach es auch morgens vor dem Aufstehen und abends vor dem Einschlafen. Du wirst allmählich merken, wie Ruhe über Dich kommt und wie entspannt Du bist. Probier's mal. Und denk immer positiv: Du bist eine gute Schülerin, bist noch nie sitzengeblieben. Füttere Dein Unterbewußtsein mit einer positiven Meinung über Dich selbst. Ich wette, daß Du dann sogar diese Prüfung schaffst.*

Zu sich stehen gibt Sicherheit

Die Prüfungsangst hat wohl ihren Ursprung in der Angst des abhängigen Kindes, durch sein Fehlverhalten die Beachtung und liebevolle Zuwendung der Eltern zu verlieren. Die Verknüpfung von Leistungserfolg und Selbstwertgefühl (»Kannst du was, bist du was«) wird dann weiter durch die gesellschaftlichen Institutionen verstärkt. Zusätzlich zur Angst vorm Versagen kommen noch die negativen Folgen, die eine nicht bestandene Prüfung nach sich zieht. Man braucht also schon ein gutes seelisches Gleichgewicht, um zu einer Prüfung anzutreten und sie auch zu bestehen. So sind Leistungsprüfungen nicht nur Kontrollen über den Wissensstand des Lernenden, sondern auch Einweihungsriten, mit denen die Streßstabilität des Prüflings für den Berufsalltag getestet wird. Was nutzt schon viel Wissen, wenn dazu nicht auch noch Organisations- und Konzentrationsfähigkeit sowie emotionale Stabilität und Durchhaltevermögen kommen?!

Starke Prüfungsängste kann man mit der Zeit in den Griff bekommen, wenn man allgemein mehr Verantwortung für sein Leben übernimmt. Also: Keine Situation und kein anderer sind an meinen Pleiten ›schuld‹. Ich übernehme ohne Selbstanklagen dafür, wie ich meine Zeit verbraucht habe und für die sich daraus ergebenden Folgen, die volle Verantwortung. Dieses Erwachsenwerden, diese Selbständigkeit verringert automatisch die lähmenden Ohnmachts- und Versagensängste. Man weiß, daß die selbstvertrauende Haltung ›all under control‹, also »ich trau mir zu, mit den Anforderungen, die man an mich stellt, fertig zu werden«, die beste Voraussetzung ist, um seine intellektuelle Potenz zu nutzen. Zusätzlich kann man mit der Visionstechnik das Vertrauen in sich verstärken. Man stellt sich mit geschlossenen Augen und im entspannten Zustand vor, wie gelassen man sich in der Prüfungssituation verhält und wie man sie besteht. Diese positive Selbstprogrammierung des Unterbewußtseins führt – wenn man sie über lange Zeit täglich wiederholt – zu positiven Gefühlen, zu Zuversicht und auch zu mehr Einsatz.

STRESS

**Anruf von Beate (30):
Sie hat Schwierigkeiten am
Arbeitsplatz und fühlt sich
insgesamt überfordert.
Sie möchte raus aus diesem
ewigen Streß
und wieder zu sich selber finden**

CORSSEN *Seit wann haben Sie diese Probleme am Arbeitsplatz?*

BEATE »Das kommt immer so phasenweise. Jetzt ist es wieder besonders schlimm, deswegen rufe ich Sie an.«

CORSSEN *Können Sie erkennen, von was Sie sich so überfordert fühlen?*

BEATE »Ich gerate mit meinen Kollegen so schnell in Streit. Ich arbeite in einer Bank, und man wirft mir vor, daß ich dauernd aus der Reihe tanze. Ich sei nicht so, wie man als Bankangestellte zu sein habe. Deswegen gibt es immer Zoff.«

CORSSEN *Und gibt es sonst noch Vorwürfe gegen Sie?*

BEATE »Ja, ich habe angeblich nicht diese Zurückhaltung, die man in der Bank braucht. Ich bin gerade heraus, ich sage, was ich mir denke, und halte es für notwendig, ehrlich zu sein. Das mögen die Kollegen nicht. Der andere Vorwurf ist, daß bei uns geraucht wird und mir das auf den Keks geht. Ich reiße jedesmal die Fenster auf, weil ich den Rauch nicht vertrage, und dann beschweren sich die anderen. Ich habe versucht, mich mit den Kollegen zu einigen, aber die wollen nicht.«

CORSSEN *Irgendwie scheint die Beziehung zwischen Ihnen und Ihren Kollegen gestört zu sein. Da ergeben sich auch keine Gespräche mehr, da geht es nur noch ums Rechthaben. Wie lange arbeiten Sie schon in dieser Bank?*

BEATE »Seit sechs Jahren.«

CORSSEN *Kann es sein, daß Sie die Arbeit dort allgemein nicht so attraktiv finden?*

BEATE »Ja, genau, das kommt eben noch dazu. Ich hocke da acht Stunden, komme heim und die ganze Wäsche wartet noch auf mich. Der Haushalt muß gemacht und dies und jenes unbedingt erledigt werden. Ich renne nur noch herum. Das ganze Leben ist für mich Streß und Abrackern. Ich komme auch nicht mehr zu irgendeinem Hobby, weil das wieder Streß und Druck bedeutet.«

CORSSEN *Wie Sie mir das erzählen, kann ich mir gut vorstellen, daß Sie nur noch herumsausen und keinen Spaß mehr am Leben haben.*

BEATE »Ich komme mir vor, als wäre ich nur noch dazu auf der Welt, um ein Rad in der Wirtschaft zu sein. Ich bin wie der Hamster in der Tretmühle. Das ist doch alles sinnlos.«

CORSSEN *Wenn Sie sich nicht so sehr mit Hausarbeit aufhalten würden, sondern Sport oder eine andere Freizeitbeschäftigung betreiben würden, könnten Sie sich am Arbeitsplatz vermutlich besser anpassen. Einfach weil Sie dann ausgeglichener wären. Aber wenn man sowieso schon unlustig ist und gar nicht mehr zur Freude am Leben kommt, verliert man leichter die Nerven und kann weniger wegstecken. Da kann es sein, daß Sie Ihren Frust am Arbeitsplatz entladen.*

BEATE »Es kommt noch hinzu, daß ich mich wahnsinnig schnell angegriffen fühle.«

CORSSEN *Sie wären auch nicht so empfindlich, wenn Sie zufriedener wären. Sie würden sich sicherer fühlen und könnten mehr wegstecken. Aber Sie stehen so unter Spannung, daß Sie schon bei Kleinigkeiten überlaufen.*

BEATE »Richtig, ich bin total verkrampft, das sagen auch die anderen. Jeder sagt, ich solle mich mal entspannen. Aber das ist leicht gesagt. Ich habe den Kopf voller Dinge, die ich erledigen muß. Wäsche abholen, einkaufen, Betten beziehen, Steuer machen, da kommt immer was hinzu. Vielleicht sollte ich einen Halbtagsjob annehmen, damit mir mehr Zeit bleibt.«

CORSSEN *Vielleicht eine gute Idee. Es nützt nichts, wenn ich Ihnen jetzt sage, was Sie tun könnten, um ruhiger zu werden. Sie müssen insgesamt an Ihren Lebensumständen etwas ändern. Sie sind tatsächlich stark überfordert. Versuchen Sie jemanden zu finden, der Ihnen im Haushalt hilft. Gut wäre es, wenn Sie abends Sport betreiben würden, zum Beispiel Squash. Sport ist für alle gut, die stark angespannt sind, denn es entlädt die Aggressionen.*

BEATE »Ich mache schon einmal in der Woche Bioenergetik. Aber selbst wenn ich meinen Haushalt erledigt habe, verfolgt mich dauernd der Zwang, daß ich noch dies und jenes unbedingt erledigen muß. Zum Meditieren komme ich trotz großer Anstrengungen nie.«

CORSSEN *Ich meine, daß Sie mit dem Kämpfen aufhören sollten. Ich merke schon, wie Sie sich anstrengen und versuchen, die Dinge in den Griff zu bekommen. Offenbar ist für Sie die Ordnung und die Kontrolle sehr wichtig. Sie sollten sich selbst ernster nehmen und sich nicht dauernd überfordern. Bisher haben Sie versucht, Ihren Streß von innen heraus zu bewältigen. Ich glaube, daß dies erst einmal von außen geschehen muß. Sie sollten sich tatsächlich überlegen, ob Sie nicht besser die Bank verlassen und zu einer Firma gehen, wo man so direkte Menschen wie Sie schätzt. Betrachten Sie diesen Zwang nach Ordnung und Kontrolle nicht als Problem, sondern gestehen Sie sich diese Bedürfnisse zu. Betrachten Sie das als Teil Ihres Wesens und hören Sie damit auf, sich ständig selbst zu therapieren.*

BEATE »Ich habe schon damit aufgehört, weil ich gemerkt habe, daß es nichts hilft.«

CORSSEN *Sie brauchen Tapetenwechsel und sollten sich ab sofort nicht dauernd vorwerfen, daß Sie unleidlich und verspannt sind. Ab heute sagen Sie sich das nicht mehr, weil Sie wissen, daß man sich immer zu dem entwickelt, was man denkt. Ab heute sagen Sie sich nicht mehr, ich bin verklemmt, sondern ich bin ein vorsichtiger und ordentlicher Mensch, und das ist etwas Schönes. Und dann wird sich mehr entwickeln, als wenn Sie sich immer selbst vorwerfen: Verdammt noch mal, ich will nicht verklemmt oder verspannt sein. Das Verspanntsein gehört im Augenblick zu Ihnen, das ist ein Teil von Ihnen, und hören Sie auf, das ändern zu wollen. Wenn Sie gegen Anspannung ankämpfen, spannen Sie noch mehr an. Also: Kampf ist Krampf.*

BEATE   »Vom Kopf her habe ich das verstanden.«

CORSSEN   *Weil Sie das alles schon mal gehört haben. Deshalb meine ich ja: Schluß mit der Psychologie und dem Grübeln. Ändern Sie direkt in Ihrem Leben etwas. Suchen Sie sich den Beruf, der Ihrer Veranlagung mehr entspricht, und versuchen Sie, Ausgleichssport zu betreiben. Sie sind moralisch verpflichtet, sich auch selber Freude zu bereiten.*

Anruf von Astrid (29):
Sie steht völlig unter Streß.
Sie hat Kind und Freund,
ist berufstätig
und muß sich auch noch um
den Haushalt kümmern.
Sie schafft das alles nicht mehr

CORSSEN *Wie sieht Ihr Tagesablauf aus?*

ASTRID »Ich bin halbtags berufstätig und arbeite in der Früh von 4 bis 8 Uhr bei der Post. Mein Sohn ist zwei Jahre alt und quicklebendig, wenn ich nach Hause komme. Ich bin dann immer wahnsinnig müde, aber muß mich noch um so vieles kümmern. Mein Freund hilft überhaupt nicht im Haushalt. Das sieht er nicht ein, daß er mithelfen soll. Er hat gesagt, er sei schließlich den ganzen Tag in der Arbeit.«

CORSSEN *Und wann geht er in die Arbeit?*

ASTRID »In der Früh, um 8 Uhr.«

CORSSEN *Dann sehen Sie ihn ja kaum. Sie kommen nach Hause, er geht.*

ASTRID »So ungefähr. Und abends kommt er immer ziemlich spät von der Firma nach Hause. Er geht mit Freunden aus und meint, daß ihm das zustände. Er hätte schließlich den ganzen Tag in der Arbeit verbracht.«

CORSSEN *Sind Sie traurig, daß er so wenig Zeit mit Ihnen verbringt?*

ASTRID »Ziemlich! Früher war das anders. Wir kennen uns seit vier Jahren und haben immer alles gemeinsam unternommen. Aber mit dem Kind bin ich halt an zu Hause angebunden.«

CORSSEN *Die Situation hat sich also geändert, seit das Kind da ist. Sie können nicht mehr so viel weggehen, aber Ihr Freund will deswegen nicht auf sein schönes Leben verzichten. Er geht halt ohne Sie aus.*

ASTRID »Das ärgert mich echt. Ich verstehe ja, daß er nach der Arbeit noch etwas trinken gehen will. Aber mir gesteht er das nicht zu. Er meint, daß ich nur vier Stunden am Tag echt arbeite. Was ich dann noch alles am Hals habe, den Haushalt, das Kind, die Kocherei, das sieht er nicht. In seinen Augen ist das keine Arbeit.«

CORSSEN *Wäre es denn möglich, daß er zur Abwechslung auf das Kind aufpaßt und Sie weggehen können?*

ASTRID »Ich kann überhaupt nicht mehr weggehen. Ich muß doch in der Früh um 4 Uhr wieder arbeiten...«

CORSSEN *Das ist eine ungemein anstrengende Arbeitszeit für Sie. Konnten Sie denn nichts anderes finden?*

ASTRID »Es war mit dem Kleinen so schwierig. Ich habe versucht, ihn in einer Kinderkrippe anzumelden, aber da hatte ich überhaupt keine Chance. Alles überfüllt. Und im Kindergarten nehmen sie ihn noch nicht, weil er erst zwei ist und noch zu klein. Eine Pflegemutter ist mir zu teuer. Wir haben auch Schulden, und mein Freund verlangte von mir, daß ich nach der Babypause wieder berufstätig wurde.«

CORSSEN *Und Sie haben diese Frühschicht gewählt, weil er dann inzwischen aufs Kind aufpassen kann. Wenn Sie nach Hause kommen, übernehmen Sie das Kind wieder. Können Sie sich dann nochmals hinlegen?*

ASTRID »Nein, wenn ich um 8.30 Uhr wieder zu Hause bin, steht der Kleine gerade auf. Er ist ziemlich munter, hält mich den ganzen Tag auf Trab. Das halte ich nicht mehr länger durch. Ich merke schon, wie gereizt und übernervös ich reagiere. Mein Freund und ich streiten auch häufiger, als wir es früher gemacht haben.«

CORSSEN *Das kann ich gut verstehen, Sie sind wirklich überfordert und natürlich auch enttäuscht, daß Ihnen Ihr Freund nicht mehr zur Seite steht. An der Situation können Sie offenbar wenig ändern. Deswegen geht es jetzt darum, inwieweit Sie sich die Spannung ersparen können, die Sie sich durch Ihre Gedanken machen. Ich werde Ihnen das etwas genauer erklären: Wenn Sie jetzt von Ihrem Freund etwas erwarten und der macht das aber nicht so, dann sind Sie enttäuscht und ärgerlich auf ihn. Und so brutal das zunächst für Sie klingen mag: Ich rate Ihnen, daß Sie sich ab sofort von dem Gedanken verabschieden, daß Ihr Freund Ihnen hilft. Denn sonst belasten Sie sich immer mehr und sind auch immer mehr enttäuscht. Besinnen Sie sich darauf, daß nur Sie den Alltag für sich in den Griff kriegen können. Und möglicherweise schaffen Sie alles nur mit fremder Hilfe, aber Sie sollten von Ihrem Freund nicht verlangen, daß er Ihnen hilft. Denn auf Dauer wird er sich durch Ihre anklagende Haltung immer mehr bedroht fühlen, und da kann es sein, daß er Sie verlassen wird.*

ASTRID »Und ich soll ihn nie mehr um Hilfe bitten?«

CORSSEN *Vielleicht schaffen Sie es, daß es bei ihm zu einer freiwilligen Aktion kommt. Er scheint ja nicht böse zu sein. Er befindet sich jetzt nur im Kampf gegen Sie und will sich trotzig gegen seine Verpflichtungen als Vater und Partner wehren. Wenn Sie gar nichts mehr von ihm verlangen und ihn völlig frei lassen, dann kann es sein, daß er aus dieser Freiwilligkeit heraus oder aus Liebe, Moral oder Verantwortlichkeit Ihnen wieder hilft. Aber Sie dürfen es nicht fordern.*

ASTRID »Er hat ja auch seine Männerclique, und die hetzt ihn immer auf. Die sind alle solo, kaum einer hat eine Freundin. Die sagen, er solle kein Pantoffelheld sein und mit zum Saufen gehen.«

CORSSEN *Darum sage ich ja, hören Sie bitte auf zu kämpfen, Sie werden verlieren. Die Clique ist bestimmt stärker, und Sie werden immer mehr zur Mutter, zur bedrohlichen Partnerin. Irgendwann wird er einen Grund finden und sich schleichen. Und wenn Sie ihn noch lieben, sollten Sie nichts mehr fordern. Fragen Sie ihn auch nicht, wann er nach Hause kommt und wo er gewesen ist. Überhaupt nichts. Nur dadurch kommt er Ihnen wieder näher.*

ASTRID »Das ist aber schwer.«

CORSSEN *Wahnsinnig schwer. Das ist richtig. Nur — wenn Sie mich fragen, ist das die einzige Möglichkeit, daß Sie sich Enttäuschungen ersparen. Denn wenn Sie immer wieder vergeblich auf seine Hilfe hoffen und darum kämpfen, wird es Ihnen immer schlechter gehen. Und gerade Sie müssen Energien sparen, weil Ihr Tagesablauf wirklich anstrengend ist. Und wenn Sie nicht mehr darauf warten, daß er Ihnen hilft, werden Sie vielleicht erfinderisch, und es fällt Ihnen noch etwas ein. Aber befreien Sie sich von der Erwartung, die Sie an ihn haben. Meine Erfahrung ist: Wenn Sie gar nichts mehr verlangen, wird er freiwillig etwas tun.*

ASTRID »Es kann schon sein, daß er in dieser Hinsicht ein bißchen überfordert ist, weil ich doch immer frage, wo er hingeht und wann er wiederkommt.«

CORSSEN *Klar, Sie haben sich zu seiner Mutter entwickelt, und auf Dauer wird er Sie auch nicht mehr anfassen, weil Sie als Mutter tabu sind.*

ASTRID »Also soll ich sozusagen gar nichts mehr fragen?«

CORSSEN *Das hat sowieso keinen Sinn. Das wird in der Ehe immer falsch verstanden. Man fragt, und wenn der Partner etwas heimlich tut, wird man sowieso angelogen. Und wenn man lügt, entfernt man sich immer mehr von einander. Es bringt nichts. Sie können ihn nicht zwingen. Wenn Sie überhaupt nicht mehr fragen, sich nur auf sich selbst konzentrieren, ersparen Sie sich Energie. Und wenn Sie Ihre Erwartungen loslassen, können Sie vielleicht auch ihn, wenn es Ihnen mit ihm zu viel wird, gehen lassen. Ohne ihn könnte Ihnen dann Ihr Leben mehr Spaß machen.*

Anruf von Otto (34):
Er empfindet sein ganzes Leben als zu anstrengend. Nichts klappt. Dauernd ist er vom Pech verfolgt. Wie findet er endlich Ruhe und Ausgeglichenheit?

CORSSEN *Was ist denn alles so passiert, was Sie als Pech beschreiben?*

OTTO »In letzter Zeit habe ich mir meine Zukunft aufgebaut, und immer wenn irgendwo der richtige Weg da war, ist wieder etwas schiefgelaufen. Ich kann nachts vor lauter Sorgen nicht mehr schlafen.«

CORSSEN *Haben Sie diese Schwierigkeiten im beruflichen oder mehr im privaten Bereich?*

OTTO »Sowohl als auch. Irgendwie immer. Das war übrigens auch schon während meiner Schulzeit so. Ich bin eben ein Pechvogel. Ich frage mich nur: Liegt's an mir, an meiner Psyche, an meiner Einstellung oder was ist das?«

CORSSEN *Wie ist denn Ihre eigene Meinung dazu?*

OTTO »Tja, meine eigene Meinung! Ich weiß nicht mehr, was ich darüber denken soll. Ich habe halt das Gefühl, daß mich das Glück besonders im Stich läßt. Mein Streß scheint größer zu sein als der anderer Menschen.«

CORSSEN *Sie haben sich immer noch nicht daran gewöhnt, daß für Sie alles schwieriger zu sein scheint?*

OTTO »Wie sollte ich mich daran gewöhnen? Es wird ja auch immer schlimmer. In kürzester Zeit bin ich jetzt Arbeit und Freundin losgeworden — ohne ersichtlichen Grund...«

CORSSEN *Das kann natürlich schon passieren, daß man in einer bestimmten Zeit viele Dinge erlebt, die nicht so laufen, wie man will. Das hat häufig eine psychische Komponente, weil man verunsichert ist, immer weniger an sich glaubt, von der Ausstrahlung her nicht mehr so stark ist und fast schon darauf wartet, daß etwas Schlimmes passiert. Dadurch zieht man Negatives leichter an. Was meinen Sie: Sind Sie durch die Tatsache, so oft Pech gehabt zu haben, so negativ eingestimmt, daß Sie erwarten, alles geht schief?*

OTTO »Eigentlich nicht. Ich sage mir, es geht immer irgendwo weiter und auch aufwärts. Bloß ich erlebe es halt immer, daß, wenn ich oben bin, es ruckartig bergab geht — ohne daß ich eigentlich von mir sagen könnte, ich tue was dazu. Es passiert einfach immer wieder.«

CORSSEN *Wenn ich mich zunächst auf das Psychologische konzentriere, würde ich sagen, daß sich bei Ihnen eine negative Erwartungshaltung eingeschlichen hat. Und zwar so stark, daß Sie jedes kleine Tief gleich als persönliches Pech empfinden, obwohl es zu den Gesetzmäßigkeiten des Lebens gehört, daß es mal 'rauf und mal 'runter geht. Philosophisch gesehen, also auf einer höheren Ebene, könnte man sagen, daß Sie vielleicht von der Veranlagung her besonders kritisch sind und sich einfach stärker darauf konzentrieren, ob was nicht funktioniert. Astrologen behaupten, daß der Mensch schon mit einer bestimmten Weltsicht geboren wird, wie zum Beispiel der Steinbock, der besonders zur Selbstkritik neigt. Wenn Sie mich fragen, ob dies auch Ihr Schicksal ist, würde ich sagen, daß es vielleicht Ihre Weltsicht ist, schneller alles Negative wahrzunehmen. Haben Sie das Gefühl, daß es Ihnen leichtfällt, alles zu erkennen, was nicht funktioniert?*

OTTO »Wahrscheinlich. Natürlich erlebe ich auch schöne Sachen, aber das Negative hat sich fester in meinen Erinnerungen verankert.«

CORSSEN *Es gibt Menschen, die sich von ihrem Lebensthema her stärker auf Dinge konzentrieren, die nicht funktionieren, während andere Menschen sich eher auf das konzentrieren, was funktioniert, wo sie Erfolg haben. Aber das Leben ist ja diese berühmte Achterbahn, auf der es immer mal hoch und mal 'runter geht. Das ist eine Gesetzmäßigkeit. Alles verändert sich ständig. Nur machen sich manche Menschen mehr die Tiefs bewußt und glauben deswegen, daß sie geborene Pechvögel sind.*

OTTO »Alles, was ich in meinem Leben anfasse, mache ich mit gewisser Vorsicht. Ich sage mir, daß überall ein Wurm drinnen sein kann.«

CORSSEN *Sehen Sie! Und das meinte ich, als ich fragte, ob Sie immer erwarten, daß alles schiefläuft. Das nennt man die selbsterfüllende Prophezeiung. Sie prophezeien sich etwas Schlimmes, weil Sie schon viele negative Erfahrungen gesammelt haben, verhalten sich danach und erfüllen sich diesen Gedanken unbewußt. Vermutlich wollen Sie auch recht behalten, daß Sie ja gleich gewußt haben, daß alles wieder den Bach runtergeht.*

OTTO »Da haben Sie bestimmt irgendwo recht. Denn jedesmal, wenn ich etwas anfange und es gutgeht, habe ich sofort den Gedanken: Himmel, wie lange geht es nur gut. Und prompt habe ich wieder Pech.«

CORSSEN *Ich kann Ihnen hier nur einen Anstoß geben, und das, was ich sage, ist ja auch nicht die Wahrheit, sondern nur das, was ich glaube. Beobachten Sie sich einmal, wie Sie mit sich und Ihrem Leben umgehen. Geraten Sie schnell ins Jammern? Bestätigen Sie sich voller Selbstmitleid, daß Sie ein ständiger Pechvogel sind? Erst wenn Sie* *selber merken, daß Sie so schnell in negative Gedanken abrutschen, haben Sie überhaupt die Chance, aus der Rolle des Pechvogels auszusteigen. Wenn Sie aber gar nicht merken, daß Sie so denken, dann können Sie nichts an Ihrer Weltsicht ändern. Dann bleiben Sie so, wie Sie denken. Beobachten Sie sich einmal, es ist ein längerer Prozeß, bis Sie wissen, wie Sie mit sich und dem Leben umgehen. Eines sollten Sie wissen: Nicht das, was draußen ist, macht Sie traurig und deprimiert, sondern erst Ihre Stellungnahme dazu.*

OTTO »Könnten Sie mir das deutlicher erklären?«

CORSSEN *Was Sie draußen erleben, ist nicht das, was Sie wirklich traurig oder wütend macht, sondern wie Sie zu dem, was ist, Stellung beziehen. Deshalb sind Sie immer für Ihre negativen Gefühle verantwortlich, weil Sie eben in einer bestimmten Art und Weise denken.*

OTTO »Und wie hilft mir diese Erkenntnis aus meinem Lebensstreß heraus?«

CORSSEN *Indem Sie sich in den nächsten Wochen und Monaten beobachten, wie Sie zu den Dingen, die in Ihrem Leben passieren, Stellung beziehen. Sobald Sie merken, daß Sie automatisch mißtrauisch und negativ reagieren, könnten Sie sich denken: Ich bin ein Glückspilz. Jeder Mensch kann sein Denken verändern. So werden Sie der Schöpfer Ihres Schicksals, durch das, was Sie denken. Wenn Sie positiv denken, werden Sie immer mehr schöne Dinge entdecken, an sich und an anderen. Auf Dauer nimmt die Seele die Farbe Ihrer Gedanken an. Ich habe Ihnen das mit Absicht etwas philosophisch erklärt. Sie sollten dies als Denkanstoß annehmen und sich also vom Gedanken befreien, daß Sie ein geborener Pechvogel sind. Und noch einmal: Meiner Meinung nach gibt es keine Pechvögel, aber Menschen, die denken, daß sie Pechvögel sind. Mein Schlußgedanke: Sie sind ein Glückskind. Denken Sie daran. Ab jetzt, ab heute. Ändern Sie Ihre Einstellung, und vieles wird sich ändern.*

Den Streß macht man sich selbst

»Den Streß halte ich nicht mehr aus...«, »der Streß bringt mich noch um...«. Wenn man diese Aussagen hört, könnte man meinen, daß dieser ›Streß‹ ein ganz gefährliches Individuum sei, das mit uns nur Böses im Sinn hat. In Wirklichkeit gibt es den Streß da draußen gar nicht. Das ist eine Fantasiegestalt, die wir selbst erschaffen haben. Das Wort ›Streß‹ beschreibt Schmerz und Leid als Folge großer Anstrengung, Bedrohung und Überforderung. Bekannt ist aber, daß bei einem Menschen, der 16 Stunden arbeitet, dabei Schwierigkeiten überwindet und wirklich viel leistet, keine Streßsymptome wie Unlust, Niedergeschlagenheit, Anspannung und psychosomatische Störungen auftreten müssen. Die Erklärung ist einfach. Er hat Spaß an dem, was er tut, er ist engagiert oder gar besessen von einer Idee, die er in die Tat umsetzt. Man könnte sein Engagement und seine Anstrengungen als positiven Streß beschreiben. Negativer Streß, von dem meist die Rede ist, entsteht durch hohe Erwartungen an sich und die Umwelt, durch Defizite im Durchsetzungsvermögen und durch die Idee, alles gleichzeitig haben zu wollen. Um also aus der Gefahrenzone Streß herauszukommen, sollte man die Gründe dafür bei sich selber finden und sie dann abstellen. Ursachen für Streß:

1. Ich muß nicht immer perfekt, stark und lieb sein. Auch die anderen müssen nicht gerecht, anständig

und fürsorglich mit mir umgehen. Und mögen müssen sie mich auch nicht. Wir müssen alle sterben, aber sonst muß nichts sein. Also aufgepaßt! Mit welchen Muß-Annahmen mache ich mir Streß?

2. Wenn ich mich nicht getraue zu sagen, was ich will und was mich stört, oder wenn ich gar nicht so recht weiß, was ich eigentlich genau will, werde ich kaum wahrgenommen und fühle mich ausgenutzt. Entweder äußere ich mich also, oder ich stehe zu meiner ängstlichen oder diplomatischen Verschwiegenheit und übernehme dafür selbstbewußt die Konsequenzen. Dann erübrigen sich Schuldzuweisungen und auch schlechte Stimmungen.

3. Auch die alte Erkenntnis, daß man nicht auf mehreren Hochzeiten gleichzeitig tanzen kann – auf mein Leben übertragen –, kann mir Streß ersparen. Wenn ich den Hals nicht vollkriegen kann, also alles mitnehmen und nichts versäumen möchte, erzeuge ich großen Druck. So kann man sich selbst an einem Urlaubstag Wut, Trauer und Herzleiden erschaffen, wenn man Volleyball und Tennis, Segeln, Tauchen, Flirten, Ausruhen, Kartenspielen, Essengehen und so weiter und so weiter in einen Tag stopfen will.

Allein schon die Erkenntnis, daß man ja in allem sein eigener Manager ist, kann einen freier und entspannter machen.

EINSAMKEIT

**Anruf von Norbert (47):
Er ist seit fünf Jahren Witwer.
Seit seinem Umzug in eine
andere Stadt fühlt er sich einsam.
Es gelingt ihm nicht,
einen neuen Freundeskreis
aufzubauen**

CORSSEN *Wie war das mit Ihrer Frau, als sie noch lebte? Hatten Sie damals viele Freunde?*

NORBERT »Eigentlich schon. Wir waren mit Kollegen aus dem Betrieb zusammen, gingen auch in einen Verein. Und da waren auch noch unsere beiden Kinder, mit denen sind wir oft unterwegs gewesen. Es war immer viel los, obwohl ich eher etwas zurückhaltend bin.«

CORSSEN *Es ist also so, daß Sie zwar damals mit Ihrer Frau viele Kontakte pflegten, aber jetzt, wo sie nicht mehr lebt, fällt es Ihnen schwer, neue Freundschaften zu schließen.*

NORBERT »Mein Problem ist ja, daß ich auch noch umgezogen bin. In dieser Stadt finde ich überhaupt keinen Anschluß. Ich weiß zum Beispiel nicht, wo man abends hingehen könnte, um jemanden kennenzulernen.«

CORSSEN *Sehnen Sie sich nach einer neuen Partnerin?*

NORBERT »Ja, aber momentan stecke ich noch voll im Streß. Erst der Umzug, dann der neue Job. Vielleicht sollte ich erst mal abwarten.«

CORSSEN *Da haben Sie ja auch schon selber eine Antwort gefunden. Jetzt nichts übers Knie brechen. Wenn Sie sich jetzt zu verspannt in eine Liebesaffäre stürzen und denken, Sie bräuchten dringend eine neue Frau, dann könnte es sein, daß alles daneben geht.*

NORBERT »Es muß ja nicht eine Affäre sein, nur jemand, der einem eine kleine Stütze im Leben ist, jemand, mit dem man gut befreundet ist.«

CORSSEN *Es ist eine gute Idee, daß Sie jetzt nicht auf Biegen und Brechen eine neue Liebe suchen, sondern sich erst einmal darauf konzentrieren, einen Freundeskreis zu gewinnen. Es können ja auch mal zwei, drei Männer sein, mit denen Sie zum Kegeln gehen oder Karten spielen. Was häufig falsch gemacht wird: daß man aus der Sehnsucht nach einer Frau übersieht, daß es ja noch andere Menschen gibt, mit denen man, wenn es auch nicht so intim und herzlich ist, eine Freundschaft hat, etwas Gemeinsames erleben kann. Ich würde Ihnen zum Beispiel raten, daß Sie in Ihrer knapp bemessenen Zeit einen Volkshochschulkurs besuchen, wo Sie nicht soviel lernen müssen. Vielleicht Musik, damit Sie sich auch etwas entspannen können und Gleichgesinnte treffen, die ähnliche Interessen haben. Daraus ergeben sich eventuell neue Freundschaften, die zu einer Art sozialem Netz werden, damit Sie sich in der großen Stadt nicht ganz so alleine fühlen. Wenn Sie durch neue Beziehungen*

Sicherheit gewinnen, werden Sie auch bald über eine positive Ausstrahlung verfügen, um Frauen auf sich aufmerksam machen zu können. Frauen spüren, wenn Männer selbstsicher sind. Konzentrieren Sie sich jetzt erst einmal ruhig auf Ihre Arbeit. Sie wissen, daß Arbeit ein sehr wichtiger Wert im Leben sein kann, und werfen Sie sich jetzt nicht vor, daß Sie zu wenig Kontakte haben, sonst verkrampfen Sie sich zu sehr. Wenn Sie sich nach Freundschaften umschauen und nicht nur nach einer Frau, wird sich langsam etwas ergeben.

Anruf von Eva (20):
Sie sehnt sich nach Zuneigung und Liebe, stößt aber immer wieder bei anderen Menschen auf Wände. Auch mit Männern klappt es nicht

CORSSEN *Woran kann es liegen, daß Sie keinen festen Freund haben?*

EVA »Ich bin eben ein Mensch, der sehr viel Liebe und Zuneigung braucht. Ich möchte am liebsten, daß mir jemand den ganzen Tag zeigt, wie gerne er mich hat. Aber die meisten Männer, die ich so kennengelernt habe, die waren so verkrampft, bei denen wußte ich nie, woran ich war. Ich habe jetzt einen Freund, und der ist auch so verschlossen. Er telefoniert nicht gerne, und ich bin oft deprimiert, weil ich wieder nichts von ihm gehört habe. Dann fahr' ich zu ihm, nur um zu schauen, ob sein Auto da ist. Nicht weil ich eifersüchtig bin, ich will nur wissen, ob er überhaupt an mich gedacht hat.«

CORSSEN *Und da fühlen Sie sich nicht richtig geliebt, weil Sie spüren, daß er nicht jeden Tag an Sie denkt und Ihnen nicht andauernd versichert, daß er Sie liebt. Da sind Sie natürlich nicht die einzige, die dieses Problem hat. Es ist wohl das Urleid der Menschen, daß sie sich zurück in die Einheit sehnen, in das Paradies, aus dem sie verstoßen wurden, dem Mutterleib. Und die Liebe scheint zu versprechen, daß man wieder zurückkommt in diese Einheit, in dieses paradiesische Eins-Sein. Da werden Sie auf Dauer noch viel*

Kummer ertragen müssen, wenn Sie nicht eine andere Idee verfolgen. Sie können sich ja vorstellen, daß Sie mit Ihrem Totalanspruch an Liebe und Eins-Sein den Mann nerven. Denn wenn er Sie auch liebt, dies Ihnen aber mehr als zehnmal täglich versichern soll, dann liebt er Sie irgendwann nicht mehr, weil er das nur noch wie ein Gedicht aufsagt.

EVA »Das Verrückte ist, daß mich ein Mann sofort langweilt, wenn ich spüre, daß er mir bedingungslos ergeben ist und ich mit ihm machen könnte, was ich wollte. Andererseits bin ich wiederum total verunsichert, weil ich nicht weiß, wieviel ich meinem jetzigen Freund bedeute.«

CORSSEN *Das ist natürlich quälend. Auf der anderen Seite sehnen Sie sich nach Liebe und Verständnis, aber wenn Sie das erreicht haben, ist es nicht mehr wichtig. Denn im Vordergrund Ihrer Bemühungen steht nicht unbedingt die Geborgenheit, sondern das Erobern, damit Sie immer wieder zurückgemeldet bekommen, daß Sie etwas wert sind.*

EVA »Ich habe keine Komplexe oder Minderwertigkeitsgefühle. Ich fühle mich schon bestätigt. Aber ich will einfach fühlen, daß ich meinem Freund etwas bedeute. Und wenn er sich wochenlang nicht meldet und dann plötzlich auftaucht, habe ich das Gefühl, er liebt mich überhaupt nicht, er will nur mit mir ins Bett gehen. Ich wünsche mir wirklich jemanden, der lieb ist und zu mir steht. Ich weiß schon, daß es zuviel verlangt ist, wenn einer immer anrufen soll. Aber wie kann ich mich verändern? Ich brauche jemanden, der mich liebt.«

CORSSEN *Sie wissen ja, daß diese unstillbare Sehnsucht nach Liebe aus der Kindheit herrühren kann, wenn man von seinen Eltern nicht die Zuneigung bekommen hat, die man gebraucht hätte...*

EVA »Meine Eltern haben mich sehr geliebt, da kann ich mich nicht beklagen.«

CORSSEN *Das ist gut, aber manchmal kann es auch genau umgekehrt sein: Man wurde so verwöhnt, daß man immer mehr Liebe und Zuwendung braucht. Aber gleichgültig, wie es nun wirklich war, es gibt nur einen Weg, um aus dieser schon fast zwanghaften Sucht nach Bestätigung durch einen Partner herauszukommen. Sie müssen sich mehr mit sich selbst beschäftigen und liebevoller mit sich umgehen. Ich glaube, daß Sie sehr viel kritischer mit sich sind, als Ihnen womöglich bewußt ist.*

EVA »Wie lerne ich, mit mir besser umzugehen?«

CORSSEN *Jedesmal, wenn Sie merken, daß Sie sich wieder selbst etwas vorwerfen, wenn Sie sich zum Beispiel zu oberflächlich oder zu dumm finden, dann sollten Sie sich sagen: Stopp, das ist nur ein Teil von mir, der so denkt. Ich denke jetzt:* »Ich bin liebenswert« *und* »Man mag mich«. *Sie werden auf Dauer zu dem, was Sie denken. Sie sind jetzt das, was Sie in der Vergangenheit über sich gedacht haben. Und Ihr gegenwärtiges Denken bestimmt Ihr zukünftiges Sein. In meiner Praxisarbeit erlebe ich es immer wieder: Je mehr sich Menschen vorwerfen, daß sie nicht tief genug empfinden können und zu oberflächlich oder zu dumm sind, desto mehr brauchen sie Anerkennung von außen. Meine Idee wäre, daß man mit den eigenen Schwachseiten so fürsorglich wie eine Mutter mit ihrem schwierigen Kind umgeht. Man sollte sich selbst verzeihen und akzeptieren können. In dem Augenblick, wo Sie liebevoller mit sich selbst umgehen, werden Sie diese Sucht nach Anerkennung nicht mehr so stark spüren. Dann fühlen Sie sich auch nicht mehr von aller Welt mißverstanden.*

EVA »Trotzdem bleibe ich einsam und finde niemand, der zu mir hält.«

CORSSEN *Sie sollten sich jeden Abend vor dem Einschlafen vorstellen, daß Sie mit einem netten Mann Hand in Hand durch eine schöne Landschaft gehen.*

EVA »Ja, aber das ist doch nur ein Traum. Wenn einer in Wirklichkeit kommt, bin ich wieder enttäuscht. Weil ich Liebe will und er nur Sex.«

CORSSEN *Sie werden sich wundern, was sich in Ihrem Leben alles ändern kann, wenn Sie sich wirklich jeden Abend vor dem Einschlafen in dieses Bild von seelischer Zweisamkeit versenken.*

EVA »Hilft das wirklich, wenn ich mir sowas einfach denke?«

CORSSEN *Nicht einfach nur denken. Sie sollten sich dieses Bild wie ein Urlaubsdia vorstellen. Sie müssen sich selbst sehen, wie Sie mit diesem Mann Hand in Hand gehen und spüren, daß nicht nur Sexualität, sondern echte Zuneigung Sie beide verbindet. Am besten, wenn Sie beim tiefen Versenken in dieses Bild auch noch lächeln, um es zu genießen, als ob Sie es schon erleben. Wenn Sie das über Monate machen, wird sich dieses Bild in Ihr Unterbewußtsein festsetzen, und Sie werden immer mehr Zuversicht gewinnen, daß auch für Sie eine seelische Beziehung möglich ist. Und dadurch wird Sie Ihr Unterbewußtsein in diese Richtung lenken. Sie haben dann ein Raster in Ihrem Kopf, durch das automatisch alle Beziehungen fallen, die auf bloßem Sex begründet sind. Mit Willensanstrengung können Sie Ihr Problem nicht lösen. Je mehr Sie bewußt darauf fixiert sind, einen richtigen Partner zu finden, desto mehr werden Sie sich verkrampfen. Sie sollten Ihr Unterbewußtsein sanft färben, eben mit Ihrer Vision von Liebe, zum Beispiel, während Sie in der Badewanne liegen. Und wenn Sie das ganz konsequent tun und auf der anderen Seite auch liebevoll mit sich umgehen, sich sagen, daß Sie liebenswert und klug sind, werden Sie Ihre Seele mit der Zeit so positiv färben, daß Ihnen das begegnet, wonach Sie suchen, daß Sie es erkennen können.*

Anruf von Heinrich (42): Seine Frau läßt sich von ihm scheiden, seine Freundin hat ihn verlassen, die Freunde von früher sind plötzlich weg. Er fühlt sich isoliert und einsam, möchte schon gar nicht mehr leben

CORSSEN *Warum hat Ihre Freundin Schluß gemacht?*

HEINRICH »Wir hatten uns im Urlaub ziemlich gestritten. Das ging schon vor der Abreise los. Da ist sie vor Wut nicht mitgeflogen, obwohl es Charter war, und kam erst eine Woche später mit der Linienmaschine nach.«

CORSSEN *Und was passierte dann?*

HEINRICH »Also, wir waren auf Gran Canaria und sind mit dem Jeep über die Insel gedüst. Dauernd hat sie mich gefragt, ob unser Tank voll sei. Da habe ich zu ihr gesagt: Schau hin, der Tank ist voll, ich habe gerade getankt. Aber ein paar hundert Meter weiter hat sie wieder mit der Tank-Arie angefangen. Ich bin sauer geworden und meinte, sie solle mich nicht so anmachen, ich hätte die Situation im Griff. Aber sie hat nicht aufgehört zu lamentieren und sich aufzuregen, als könnte das Auto jede Sekunde stehenbleiben.«

CORSSEN *Das klingt so, als hätte Ihre Freundin nicht viel Vertrauen zu Ihnen gehabt.*

HEINRICH »Na ja, sie nannte mich zum Spaß immer Hallodri.«

CORSSEN *Einem Hallodri kann man nicht trauen. Damit ist zwar ein netter, aber nicht gerade zuverlässiger Bursche gemeint. Wie kam Ihre Freundin auf diese Bezeichnung? Waren Sie untreu?*

HEINRICH »In der Zeit, wo ich mit ihr zusammen war, habe ich keine andere Frau angerührt.«

CORSSEN *Ist das bei Ihnen eher die Ausnahme?*

HEINRICH »Ich komme schon gut bei Frauen an. Ich hatte in der Hinsicht nie Probleme. Eher das Gegenteil. Die Frauen waren immer hinter mir her.«

CORSSEN *Und Sie sind es bestimmt nicht gewohnt, verlassen zu werden?*

HEINRICH »Mir ging es immer gut. Ich hatte einen riesigen Bekanntenkreis, viele Freunde, nette Freundinnen. Wissen Sie, da war oft was los. Und auf einmal ist alles vorbei. In letzter Zeit ist so viel Schlimmes passiert. Und alles auf einmal. Erst starb meine Schwester, mit der ich mich so gut verstanden habe, dann zog meine Frau aus, beantragte die Scheidung, meine Freundin verließ mich, und von meinen Freunden höre und sehe ich nichts mehr. Da kümmert sich keiner um mich. Mir ist zum erstenmal bewußt geworden, daß ich völlig alleine dastehe.«

CORSSEN *Wenn Sie das alles so erzählen, dann ist es wirklich eine bedrückende Situation für Sie. Alles scheint um Sie herum zusammenzubrechen.*

HEINRICH »Ja, die Ratten verlassen das sinkende Schiff. Aber das liegt nicht an mir.«

CORSSEN *Das muß schon was mit Ihnen zu tun haben. Ihre Freundin zum Beispiel, sicher auch Ihre Frau und andere Bekannte haben gespürt, daß Sie ein Mann sind, der gerne auf vielen Hochzeiten tanzt. Das kommt häufig vor: Einer hat viele Eisen im Feuer, möchte alles mitnehmen, und wenn er Pech hat, sitzt er am Ende zwischen allen Stühlen. Das ist Ihnen passiert. Sie haben stets nur an den schönen Seiten des Lebens genippt, und Sie sind nicht gewöhnt, daß sich das Glück auch mal gegen Sie richten kann.*

HEINRICH »Niemand versteht, wie einsam ich mich fühle. Keiner ruft an, meine Freundin hat vermutlich einen anderen, meiner Frau bin ich gleichgültig. Mir macht das Leben keinen Spaß mehr. Ich bin total deprimiert und verzweifelt.«

CORSSEN *Was ich Ihnen jetzt sage, wird Sie nicht so sehr trösten. Aber als Psychotherapeut weiß ich, daß solche Krisen notwendig sind, um aufzuwachen und wieder ein Stück näher an sich und das Leben heranzukommen...*

HEINRICH »Ich halte dieses Alleinsein nicht aus.«

CORSSEN *Diese Trauer und diese Verzweiflung kann Ihnen leider niemand abnehmen. Das ist ein Teil des Lebens. Sie sind bestimmt ein charmanter Mann, der jetzt plötzlich Niederlagen einstecken muß. Da Sie das nicht gewöhnt sind, trifft es Sie besonders schwer. Betrachten Sie es einfach als Training für kommende Situationen. Ich bin sicher, daß Sie diese Trauer und diesen Schmerz überwinden werden. Vielleicht nicht gleich in den nächsten Wochen, aber irgendwann bestimmt. Glauben Sie mir: Sie werden wieder in alter Frische in das Leben eintreten, das Ihnen Spaß macht und in dem Sie auch geliebt werden. Ich möchte Ihnen keinen billigen Trost sagen, aber vertrauen Sie dem Gesetz des Fließens, nach dem alles wiederkehrt. Auch Ihr Glück.*

Einsamkeit ist nur ein Wort

Ich behaupte: Wer längere Zeit ohne Freunde und Freude ist, der hat sich für diese Situation entschieden. Wer sich also als ›einsam‹ beschreibt und erlebt, ist für seine Stellungnahme und die damit verbundenen Gefühle selbst verantwortlich. Einsiedler gehen in die Abgeschiedenheit, gerade weil sie die Erlösung und Erleuchtung im ›Mit-allem-eins-Sein‹ suchen. All-ein(s) sein ist also noch nicht ein Zustand, der automatisch zu Angst und Trauer führen muß. Wie man das ›Ohne-andere-Sein‹ interpretiert, die Gedanken also, die man da hinzutut, führen erst zu den Gefühlen von Trauer und Schmerz. Die Kenntnis dieses Zusammenhangs kann dem Leidenden die Möglichkeit bieten, aus der bisher gewählten Opferrolle, die Ohnmachts- und Sinnlosigkeitsgedanken die Tore öffnet, in die Täterposition überzuwechseln. Und zwar durch den einfachen Akt einer neuen Deutung seiner gegenwärtigen Situation. Wir Menschen haben die Fähigkeit, Gedanken zu Tatsachen zu erschaffen. Hier nur zwei mögliche Gedanken-Beiträge zu der Situation des Alleinseins.

1. Ich bin einsam und verloren, mich mag keiner und mich hat noch nie einer geliebt. Mein Vater und meine Mutter sind schuld, daß ich mich als so wertlos und sinnlos empfinde. Sie haben mir nicht genug liebevolle Zuwendung gegeben. Allen geht es gut, nur ich hatte Pech. Die Welt schuldet mir was. Ich warte auf mein Glück und auf die Liebe. Ich mache jedenfalls nichts mehr, ein anderer muß mich erlösen. Aber das muß

ein Prinz sein, und er muß viele Prüfungen über sich ergehen lassen, bis ich ihm eine Chance gebe.

2. Ich will allein sein – obwohl ich darunter leide –, weil eine Beziehung zu anderen für mich im Augenblick noch anstrengender und bedrohlicher erscheint. Ich habe mich für das geringere Übel entschieden, also für die gegenwärtig beste Situation für mich. Und das nehme ich ernst. Das hat Sinn. Wenn ich wieder genug Vertrauen zu mir und Lust auf die Welt entwickelt habe – und das liegt ganz alleine an mir, das zu tun – und auch den festen Entschluß gefaßt habe, mich wieder auf andere Menschen einzulassen, Risiken einzugehen, zu geben und zu nehmen, dann wird sich das von selbst ergeben.

Für welchen Beitrag man sich auch entscheidet, man sollte es bewußt tun und sich darüber klar werden, daß das eigene Denken Gefühle wie Glück und Leid nach sich zieht.

SELBSTVORWÜRFE

**Anruf von Marie (22):
Sie möchte wissen,
warum sie pausenlos alles verliert.
Sie ist schon ganz verzweifelt,
weil ihr vom Schlüssel
bis zum Schmuck alles abhanden
kommt**

CORSSEN *Verlieren Sie erst in letzter Zeit so viel, oder war das früher ähnlich?*

MARIE »Ich habe schon als Kind oft die Schlüssel verloren. Aber in letzter Zeit häuft es sich einfach. Zuletzt ist mein Autoschlüssel am Strand von Italien verschwunden. Das Schloß mußte neu eingebaut werden. Dann war auch noch der Schlüssel fürs Tankschloß weg, der Wagen blieb stehen, ein totales Chaos. Pausenlos verliere ich Dinge. Ich weiß nicht mehr, was ich machen soll.«

CORSSEN *Sie haben also keine Erklärung, was Sie so ablenken könnte, daß Sie Ihre Gedanken immer ganz woanders haben? Vermutlich erledigen Sie irgend etwas und sind mit den Gedanken ganz woanders. Es gibt ja Menschen, die einfach von der Veranlagung her häufig mehr träumen. Tagträumer machen vieles halb unbewußt. Gedankenverloren legen sie den Schlüssel weg, während sie im Kopf ein Luftschloß bauen. Andere Menschen haben vielleicht Sorgen, grübeln dauernd nach und achten nicht darauf, wo sie Dinge hinlegen. Könnte es sein, daß Sie sich im Augenblick in einer angespannten seelischen Situation befinden?*

MARIE »Es ist wirklich eine gewisse Unruhe in mir.«

CORSSEN *Haben Sie Schwierigkeiten im Beruf?*

MARIE »Ja, auch. Ich habe gerade den Arbeitsplatz gewechselt. Ein guter Job, aber auch eine Schleudersitzposition. Wenn ich nicht das bringe, was die Firma von mir will, dann fliege ich gleich wieder, dann kommt die nächste.«

CORSSEN *Das belastet einen Menschen natürlich sehr, wenn er so austauschbar ist und sich nicht wirklich respektiert fühlt. Das ist eine starke Bedrohung.*

MARIE »Dabei weiß ich genau, daß ich nicht so leicht zu ersetzen bin. Aber in der Firma wird das immer so hingestellt, und das macht mich sehr traurig.«

CORSSEN *Sehen Sie, da haben Sie ganz schön viel, was Sie beschäftigt. Auf der einen Seite diese Unsicherheit im Beruf und zum anderen das Gefühl, daß Sie von Ihren Kollegen nicht richtig respektiert werden. Gibt es im Bereich Liebe auch etwas, was Sie belastet?*

MARIE »Ich habe einen Freund, und diese Beziehung funktioniert ganz gut. Nur hat mein Freund nicht viel Zeit für mich, und das belastet mich tatsächlich auch noch. Ich fühle mich nicht richtig ausgelastet.«

CORSSEN *Das ist vermutlich für Sie auch eine Art Ohnmachtssituation. Sie möchten mehr mit ihm gemeinsam unternehmen, aber das geht nicht. Wenn Sie das mal so zusammen sehen: Dieser berufliche Schleudersitz, das Nichtverstandenwerden von Ihren Mitmenschen, das Warten auf den Freund, dann sind das alles Situationen, die häufig auch ein Kleinkind erlebt. Ein Kind, das noch sehr abhängig von seinen Eltern ist, das ohnmächtig ist und das immer aufpassen muß, daß es geliebt und nicht verlassen wird. Und da zieht der Organismus ganz alleine — das ist von der Biologie ganz sinnvoll — Energie ab für diese Situation, die es zu bewältigen gilt. Deshalb sind für Sie Schlüssel und ähnliche Dinge nicht so wichtig. Sie haben zur Zeit besonders große Konzentrationsschwierigkeiten, weil Sie nicht so sehr in der Gegenwart leben, sondern sich mit Dingen befassen, die Sie gerne ändern möchten und die Sie belasten.*

MARIE »Wissen Sie, ich habe so viele wertvolle Dinge verloren, auch viel Geld und wirklich teuren Schmuck, dann noch die Sache mit dem Auto, das hat mich alles unheimlich viel Geld gekostet. Ich weiß überhaupt nicht mehr, wie ich mich verhalten soll. Was ich anpacke, ich verliere etwas dabei.«

CORSSEN *Sie sollten zunächst mal akzeptieren, daß Sie zur Zeit sehr unkontrolliert sind. Die wertvollen Dinge, die Sie besitzen, die müssen Sie halt irgendwie an sich binden.*

MARIE »Ich habe mir schon gedacht, daß ich am besten gar nichts mehr bei mir trage, auch keinen Schmuck.«

CORSSEN *Das wäre sehr klug von Ihnen. Sie sollten sich sagen, daß Sie sich im Augenblick in einer Ausnahmesituation befinden, den Kopf nicht ganz beieinander haben und es bestimmt besser ist, wenn Sie den letzten Schmuck, den Sie noch besitzen, jetzt nicht tragen. Legen Sie ihn irgendwo zu Hause hin, schreiben Sie sich aber den Platz auf, sonst wissen Sie das auch nicht mehr.*

MARIE »Das wird mir sicher auch noch passieren.«

CORSSEN *Wenn Sie das gemacht haben, dann sollten Sie anfangen zu überlegen, was Sie in Ihrem Leben tun können, um mehr Sicherheit zu bekommen. Sagen Sie sich: Ich werde mich jetzt von den Dingen verabschieden, die mich so belasten, zum Beispiel von meinem Freund, der mich unglücklich macht, weil er nie Zeit hat, oder von meinem Job, weil ich dort nicht respektiert werde. Ändern Sie etwas, denn im selben Moment gewinnen Sie wieder mehr Selbstvertrauen und Boden unter die Füße. Wenn Sie dann wieder geerdet sind, also mit beiden Beinen auf dem Boden stehen, werden Sie weniger träumen, sondern mehr in der Gegenwart leben und auch weniger verlieren.*

MARIE »Manchmal habe ich auch das Gefühl, daß ich alles wiederbekomme, was ich verloren habe.«

CORSSEN *Eine schöne Idee. Die würde ich festhalten. Ich habe auch so eine ähnliche Idee: Alles, was man gegeben hat, bekommt man irgendwann zurück.*

MARIE »Wir leben doch alle auf einer Welt, und wir gehören doch irgendwo alle zusammen.«

CORSSEN *Das finde ich auch, und das beweisen die neuesten physikalischen Untersuchungen. Alles ist Energie und alles gehört zusammen. Wenn Sie das so positiv sehen, dann sagen Sie sich auch: Ich habe nichts verloren, ich habe gegeben. Wenn ich etwas gebe, dann bekomme ich etwas zurück. Wenn ich Liebe gebe, bekomme ich sie zurück. Wenn ich Fürsorge gebe, bekomme ich sie zurück. Wenn ich irgendwem meine Geldbörse gegeben habe, bekomme ich auch etwas zurück. Ein schöner positiver Ansatz.*

MARIE »Es stimmt mich aber trotzdem traurig, daß ich so vieles verloren habe. Dafür habe ich hart gearbeitet, um mir das alles leisten zu können.«

CORSSEN *Klar, das ist normal. Aber steigern Sie sich nicht in diesen Gedanken hinein, bleiben Sie bei Ihrem positiven Ansatz. Denn wenn Sie jetzt an sich selbst zweifeln, weil Sie so schusselig waren, werden Sie am Ende noch glauben, mit Ihnen stimme etwas nicht.*

MARIE »Ehrlich, ich denke wirklich, daß mit mir etwas nicht in Ordnung ist.«

CORSSEN *Hören Sie mit solchen Gedanken auf. Sie geraten sonst in die Tendenz, sich als verrückt zu bezeichnen. Wenn Sie erst einmal anfangen, sich täglich zu fragen, ob Sie verrückt sind, dann wirkt das wie Selbsthypnose. Sie beginnen es tatsächlich zu glauben, bekommen immer mehr Angst und verlieren auch immer mehr. Seien Sie in nächster Zukunft mit allen Dingen, die Sie bei sich tragen, vorsichtig, aber hören Sie auf, sich Ihre Unkonzentriertheit vorzuwerfen. Sagen Sie sich, daß alles seinen Sinn hat und daß Ihr gegenwärtiger Zustand vorübergehen wird. Versuchen Sie in Ihrem Leben Entscheidungen zu treffen, befreien Sie sich von Situationen, die Sie zu sehr belasten. Dann gewinnen Sie wieder Mut und werden sich auch besser konzentrieren können.*

Anruf von Gert (17):
Er leidet unter seiner Unpünktlichkeit.
Ihm ist das Zuspätkommen immer peinlich, aber es gelingt ihm nie, sich irgendwo rechtzeitig loszureißen. Woran liegt das?

CORSSEN *Du möchtest also pünktlicher werden. Gibt es denn Situationen, wo Du nicht zu spät kommst?*

GERT »Also wenn ich mich mit Freunden verabrede, bin ich immer rechtzeitig da. Aber bei meinen Eltern verspäte ich mich jedesmal. Meine Mutter fragt mich zum Beispiel, wann ich zum Essen nach Hause komme. Ich verspreche um 21 Uhr da zu sein, und dann wird es doch 23 Uhr.«

CORSSEN *Du kannst Dich also abends von Deinen Freunden nicht losreißen, obwohl Du es Dir fest vorgenommen hast, pünktlich zu Hause zu sein. Gibt es dann Ärger zu Hause?*

GERT »Klar, meine Eltern machen immer Stunk. Einmal haben sie mir auch ein ganzes Wochenende Hausarrest gegeben. Aber das schlägt bei mir nicht an, weil es mir im Grunde egal ist.«

CORSSEN *Du sitzt also die Strafe einfach ab, aber deswegen kommst Du trotzdem weiterhin abends zu spät nach Hause. Das heißt, auch Bestrafungen können Dich nicht zur Pünktlichkeit erziehen. Es ist halt für Dich interessanter, mit Deinen Freunden zusammen zu sein. Wann wirst Du 18?*

GERT »Nächstes Jahr.«

CORSSEN *Freust Du Dich schon darauf?*

GERT »Ja.«

CORSSEN *Warum?*

GERT »Weil man dann eine gewisse Freiheit hat.«

CORSSEN *Darum frage ich Dich. Wahrscheinlich machen sich Deine Eltern dann nicht mehr ganz so große Sorgen, weil Du für Dich allein verantwortlich bist. Du hast dann mehr Selbstbestimmung und könntest sagen, daß Du wirklich erst um 23 Uhr nach Hause kommst. Aber ob Du dann pünktlich bist — wer weiß?*

GERT »Aber mein Bruder kommt immer pünktlich heim. Und das hat sich in den Kopf meiner Eltern eingenistet. Die erwarten jetzt auch von mir, daß ich immer pünktlich bin.«

CORSSEN *Das ist ein echter Nachteil, wenn Dein Bruder so überpünktlich ist. Da sagen sich Deine Eltern natürlich: Was der eine kann, muß der andere auch können. Aber Du bist eben ein ganz anderes Wesen als Dein Bruder. Darüber könntest Du mit ihnen sprechen. Sag ihnen, daß Du nicht mehr versprechen möchtest, rechtzeitig heimzukommen, daß Du Dich aber bemühen wirst. Denn wenn Du das dauernd versprichst, bist Du ja auch noch ein Wortbrüchiger. Einmal bist Du zu spät gekommen und dazu hast Du noch Dein Wort gebrochen.*

GERT »Aber wenn ich einen Grund für mein Zuspätkommen angebe, dann akzeptieren sie das auch nicht.«

CORSSEN *Das ist doch klar. Einen Grund wirst Du immer finden. Die S-Bahn ist nicht gekommen, Du hattest kein Fahrgeld, Du mußtest noch einem Freund helfen, dem schlecht geworden ist und so weiter. Ich würde Dir raten, daß Du Deine Eltern nicht zu sehr beschwindelst. Die fühlen sich ja auch nicht ernstgenommen, wenn Du irgend etwas erzählst. Sei einfach ehrlich und sage: Ich habe es nicht geschafft. Es war so schön und ich will euch auch nicht ärgern. Ich bin nicht darauf aus, euch zu provozieren. Aber manchmal macht es halt so viel Spaß, besonders abends. Ihr müßt meine Unpünktlichkeit ja auch nicht mehr lange ertragen. Wenn sie euch auf den Wecker geht, ziehe ich demnächst aus. Das wäre eine erwachsene Haltung, um zu Deiner Unpünktlichkeit zu stehen. Wenn Du Dich aber noch immer wie ein kleines Kind aufführst und nach Ausreden suchst, wirst Du nichts ändern können. Schuldgefühle zu haben ist die beste Methode, nichts zu ändern. Wenn Du jetzt immer schuldig bist, kannst Du keine Verantwortung für Dich übernehmen. Und dann bleibt alles beim alten. Wenn Du aber zu Dir stehst und Deinen Eltern klipp und klar erklärst, es war so schön und ich gehe das Risiko ein, von Euch bestraft zu werden, dann übernimmst Du die Verantwortung für Dein Handeln. Und wenn Du das tust, wirst Du auch einmal pünktlich sein können. Aber aus dieser Kinderrolle heraus, so mit 'rumlügen, rechtfertigen, versprechen und dann nicht einhalten, verharrst Du in einer solchen Trotzhaltung, daß Du so nicht verantwortlich werden kannst für Dein Leben.*

GERT »Das Verhältnis zu meinen Eltern ist nicht mehr das beste.«

CORSSEN *Damit wirst Du leben müssen. Ich meine, daß Du Deine Eltern verstehen solltest, daß sie sich um Dich Sorgen machen, wenn Du zu spät kommst.*

GERT »Ich verstehe sie schon, aber ich komme nicht darum herum, daß ich unpünktlich bin.«

CORSSEN *Ich sage es Dir nochmals: Nimm es hin und rechtfertige Dich nicht dauernd. Sage einfach: Es ist jetzt so! Höre auf, Dir irgendwelche Ausreden einfallen zu lassen. Denn solange Du Dich rechtfertigst, solange kannst Du nicht die Verantwortung für Dein Verhalten übernehmen, weil Du ja nie schuld hast. Verstehst Du? Die S-Bahn ist schuld, Dein Freund ist schuld, der Laden ist schuld... Nimm die Verantwortung auf Dich und auch die mögliche Strafe. In diesem Augenblick ist das der größte Schritt dahin, daß Du irgendwann mal Deine Versprechungen einhalten kannst.*

GERT »Ich werde es probieren.«

CORSSEN *Probier's, aber sei nicht böse, wenn Du es nicht sofort schaffst. Es ist nicht einfach, plötzlich zu sich zu stehen. Das ist eine große Angelegenheit, zu der viel Mut gehört. Aber es ist wirklich eine heldenhafte Sache, ehrlich zu sein und zu sich zu stehen.*

Anruf von Günter (44):
Er hat ziemliche Probleme damit, seine Gefühle mitzuteilen. Deswegen gibt es auch Probleme in seiner Partnerschaft.
Warum blockt er sich so von seiner Umwelt ab?

CORSSEN *Kennen Sie das von sich, daß Sie so zurückhaltend mit Ihren Gedanken und Gefühlen sind, oder ergab sich das erst in letzter Zeit?*

GÜNTER »Mir ist das erst so richtig in den letzten Monaten klar geworden. Ich will über Gefühle sprechen, aber da setzt bei mir sofort eine Blockade ein. Das ist wie eine Schranke, wo ich nicht weiter kann. Ich ziehe mich dann von meiner Freundin zurück und versuche zur Tagesordnung überzugehen. Das ist doch feige von mir.«

CORSSEN *Es könnte natürlich sein, daß Sie einen ganz triftigen Grund haben, sich nicht zu äußern.*

GÜNTER »Den sehe ich nicht.«

CORSSEN *Ich dachte nur, daß Sie vielleicht Ihre Gefühle nicht erzählen wollen, um Ihre Freundin nicht zu kränken. Oder weil Sie dadurch irgendwelche Nachteile haben. Dann wäre es ja zu verstehen, daß Sie dermaßen zurückhaltend sind.*

GÜNTER »Die Nachteile tauchen erst auf, wenn Probleme anstehen und ich mich zurückziehe und meiner Freundin erkläre, daß ich darüber nicht reden will.«

CORSSEN *Hat Ihre Partnerin das Gefühl, daß Sie sich abkapseln und daß sie nicht genau weiß, was mit Ihnen los ist?*

GÜNTER »Das ist richtig.«

CORSSEN *Kann es sein, daß Ihre Freundin sehr unsicher ist und viel Bestätigung braucht? Vielleicht hat sie Angst, Sie zu verlieren.*

GÜNTER »Das hängt bestimmt damit zusammen. Wir kennen uns erst seit einem Jahr.«

CORSSEN *Es ist also möglich, daß Sie sich im Normbereich verhalten. Vielleicht mauern Sie gar nicht, sondern Ihre Freundin braucht ungewöhnlich viel Zuwendung.*

GÜNTER »Ich merke aber, wie ich mich irgendwo verschließe und daß ich mehr aus mir herausgehen möchte, aber das nicht kann.«

CORSSEN *Sie sollten sich jetzt nicht auf die Rolle festlegen, daß Sie keine Gefühle zeigen können, wie Sie behaupten. Ich meine, daß Sie einfach nicht wollen. Es ist sehr wichtig, daß man sich das immer genau klarmacht. Denn »Ich kann nicht« bedeutet häufig »Ich will nicht«. Als Kinder und Jugendliche haben wir gelernt, unsere wahren Gedanken und Gefühle zurückzuhalten, weil sie häufig bewertet wurden und wir davon Nachteile hatten. Es ist durchaus möglich, daß Sie in Ihrem persönlichen Repertoire gespeichert haben, daß man lieber vorsichtig ist, um nicht Anlaß zu Ärger zu geben. Lieber sagen Sie nichts, so nach dem Motto: Reden ist Silber und Schweigen ist Gold. Es könnte aber auch sein, daß Sie durch Ihre Arbeit oder andere Dinge abgelenkt sind und daß es Ihnen genügt, wenn eine Freundin da ist, Sie* *aber den ganz engen persönlichen Kontakt nicht brauchen. Wie schätzen Sie das ein? Brauchen Sie wirklich Gespräche und Gefühlsaustausch?*

GÜNTER »Doch, das brauche ich sehr.«

CORSSEN *Also sollten wir überlegen, wie Sie es schaffen, sich zu äußern. Einmal gehört dazu, daß Sie es registrieren, wenn Sie sich mal wieder in Ihr Schneckenhaus zurückziehen. Dann sollten Sie sich sofort fragen: Was halte ich jetzt zurück? Wenn Sie darauf kommen, was es ist, können Sie ja darüber sprechen. Zum zweiten sollten Sie sich vornehmen, häufiger Sätze mit ›ich‹ anzufangen. Wer nicht gewohnt ist, über sich zu reden, rettet sich gerne ins unpersönliche ›man‹. Versuchen Sie von sich zu reden: Ich möchte gerne dies essen, ich möchte ins Kino gehen, ich fühle mich heute nicht wohl, ich freue mich, ich mag das, ich mag das nicht. Es geht nicht darum, daß Sie mit Ihrer Freundin gleich die tiefsten Probleme wälzen und Ihre Seele nach außen stülpen, sondern daß Sie in kleinen Bereichen mal häufiger ich sagen und nicht man und wir. Vielleicht sind Sie in dieser Hinsicht noch ein ABC-Schütze und müssen klein anfangen. Deswegen sollten Sie sich vornehmen, zunächst mehr über Ihre Gedanken als über Ihre Gefühle zu reden. Das ist etwas leichter, zum Beispiel: Ich denke gerade das, ich habe eine Idee, und nicht gleich: ich bin traurig, ich fühle mich gekränkt. Das ist noch schwieriger auszudrücken. Wichtig in der Partnerschaft ist, daß Sie dem anderen ein Signal geben, was mit Ihnen im Augenblick los ist. Menschen werden aggressiv, wenn sie keine Signale bekommen, weil sie dann verunsichert sind und nicht wissen, wo es langgeht.*

GÜNTER »Und mit dieser Ich-Form bekomme ich meine Gefühlsblockade in den Griff?«

CORSSEN *Ja, wenn Sie dran bleiben und üben und nicht so viel über Ihre sogenannte Blockade nachdenken. Grundsätzlich glaube ich, daß Sie einfach nicht gelernt haben, Ihre Gefühle zu äußern. Sie können versuchen, über die Verhaltensebene offener zu werden, eben mit der Ich-Form. Und noch ein Tip: Wenn Sie sich genieren, über Ihre Gefühle zu sprechen, könnten Sie Ihrer Freundin auch kleine Zettelchen schreiben. Vielleicht fällt es Ihnen dann leichter. Schreiben Sie: »Ich liebe Dich« oder »Ich mag Dich« oder »Ich freue mich, daß Du da bist«. Und wenn Ihre Freundin mal wieder Zweifel an Ihrer Liebe hat, dann holen Sie das Zettelchen heraus und zeigen es ihr. Ich fasse das nochmals zusammen: Wichtig ist, daß Sie Signale geben und Sätze mit ›ich‹ anfangen. Ermuntern Sie Ihre Freundin, Sie zu fragen, was Sie gerade denken und fühlen. Machen Sie sich aber auch klar, daß Sie ein Recht darauf haben zu denken, was Sie denken, auch wenn es Ihre Freundin verletzen könnte. Und hören Sie auf, sich Ihr augenblickliches Defizit vorzuwerfen. Beschweren Sie sich nicht über sich, sondern üben Sie, was ich Ihnen vorgeschlagen habe. Sie sollten auch den Mut haben, sich zu äußern, selbst wenn es Ihrer Freundin nicht gefällt, was Sie sagen. Sonst verlieren Sie an Profil.*

Sich schuldig fühlen genügt noch nicht!

Mit den berühmt berüchtigten Selbstvorwürfen, die wir uns so häufig machen, beabsichtigen wir meist eine Veränderung unseres Verhaltens. »Leider war ich schon wieder unpünktlich…«, oder »Wie blöd von mir, daß ich immer alles verliere…«, oder »Könnte ich doch nur lockerer sein…«. Dieser negative innere Dialog, diese Selbstanklagen führen wohl zu Schuldgefühlen, aber nicht zur Änderung des unerwünschten Verhaltens. Im Gegenteil! Sich Schuldgefühle machen ist die beste Methode, gerade nichts zu ändern. Wenn wir nämlich die Verantwortung für unser Denken und Tun nicht übernehmen, leugnen wir unsere Selbstverantwortung und behindern unsere Persönlichkeitsentwicklung und eigene Stärke. Wer z. B. sagt: »Wie konnte ich nur…« oder »Das wollte ich gar nicht…«, deutet doch damit an, daß er nicht ganz bei Sinnen war, sich nicht verantwortlich für sein Handeln fühlte. Wie soll aber ein Mensch, der gar nicht Herr seiner Entscheidungen ist, sich jemals ändern können?! Er ist sich ja seiner selbst gar nicht bewußt. Der Satz »Einsicht ist der erste Weg zur Besserung« stimmt also nur dann, wenn diese Sicht des eigenen Tuns zu einer genauen Verhaltensvorstellung führt, die man dann mit ganzer Kraft in die Tat umsetzt. Der Verzicht auf Selbstvorwürfe setzt auch enorme Energie frei, die man zur Verwirklichung seines wünschenswerten Verhaltens einsetzen kann.

ALKOHOL

**Anruf von Manja (19):
Sie ist völlig verzweifelt,
weil ihre Mutter Alkoholikerin ist.
Die Ärzte haben schon gewarnt,
daß die Mutter in zwei Jahren
tot wäre, wenn sie so weitertrinkt**

CORSSEN *Seit wann trinkt Ihre Mutter?*

MANJA »Das geht seit sechs Jahren so, und zwar seitdem mein Vater gestorben ist. Meine Mutter mußte jetzt sogar mit einem Magengeschwür ins Krankenhaus. Ich habe alle Weinflaschen zu Hause weggeworfen, aber sie findet immer noch etwas Alkoholisches.«

CORSSEN *Das ist für Sie ja nicht gerade einfach.*

MANJA »Mich macht das alles fertig. Meine Mutter hat jetzt Angst, daß sie ihre Arbeitsstelle verliert, weil sie so lange im Krankenhaus war. Und wenn sie ganz down ist, betrinkt sie sich. Ich kann mich nicht immer um sie kümmern. Ich bin berufstätig, erledige den Haushalt und mache auch noch den Führerschein. Das packe ich einfach nicht mehr. Dabei habe ich abgesehen von der Trinkerei ein wirklich tolles Verhältnis zu meiner Mutter.«

CORSSEN *Wahrscheinlich muß ich Sie jetzt enttäuschen. Sie werden alles andere besser in den Griff kriegen, Haushalt, Job und Führerschein, nur Ihre Mutter nicht. Es gibt wenig Möglichkeiten, ihr direkt zu helfen. Allgemein ist es sehr schwierig, wenn ein Mensch sein Alkoholproblem nicht selber lösen möchte. Und Ihre Mutter hat wohl die Verantwortung für ihr Trinken nicht übernommen.*

MANJA »Ich glaube nicht, daß sie vom Alkohol abhängig ist. Da bin ich mir sicher. Nur wenn sie alleine zu Hause hockt und sich alleine fühlt, dann weiß sie keinen Ausweg mehr, blockt ab und trinkt.«

CORSSEN *Es könnte schon sein, daß sie ein stärkeres Alkoholproblem hat, als Sie meinen. Ich würde Ihnen raten, sich an die Anonymen Alkoholiker zu wenden. Da gibt es auch Gruppen für Familienangehörige von Alkoholikern und Alkoholgefährdeten. Meine Erfahrung ist, so hart es auch klingt, daß Sie Ihrer Mutter das Recht zugestehen müssen, ihr eigenes Leben zu zerstören. Wenn Sie sich da auch noch reinhängen, machen Sie sich auch noch fertig.*

MANJA »Das merke ich. Tagelang bin ich nur am Zittern. Meine Mutter hat einen Freund, und wenn sie mit dem zusammen ist, hat sie sich im Griff. Aber sie fürchtet sich vor dem Alleinsein. Mein Vater ist vor sechs Jahren an Leberzirrhose gestorben. Von diesem Zeitpunkt an ist es mit meiner Mutter total bergab gegangen. Ich habe sonst niemanden mehr außer meiner Mutter.«

CORSSEN *Also nicht nur, daß Sie Ihre Mutter sehr gerne haben, Sie haben auch Angst, sie zu verlieren.*

MANJA »Wir hatten nie ein Mutter-Kind-Verhältnis, sondern eine freundschaftliche Beziehung. Ich bin nie geprügelt worden. Trotzdem war sie eine Respektperson. Und wenn ich jetzt meine Mutter verliere oder beobachten muß, wie sie sich systematisch kaputtmacht, leide ich entsetzlich.«

CORSSEN *Sie sollten sich nicht in diesen Gedanken hineinsteigern. Ganz allgemein müssen Sie darauf vorbereitet sein, daß Ihre Mutter irgendwann stirbt. Und Sie sollten sich allgemein fragen, inwieweit Sie von Ihrer Mutter abhängig sind.*

MANJA »Ich bin seelisch sehr stark abhängig von ihr.«

CORSSEN *Mein Vorschlag wäre, daß Sie eine Selbsterfahrungsgruppe mitmachen, um mehr über sich selbst zu wissen. Die Gefahr besteht, daß Sie von sich und Ihren Ängsten ablenken, indem Sie all Ihre Gedanken und Ängste nur auf die Mutter konzentrieren.*

MANJA »So schlimm ist es nicht. Dadurch, daß mein Vater früh starb, habe ich gelernt, auf eigenen Beinen zu stehen und mich durchzusetzen.«

CORSSEN *Trotzdem müssen Sie erst noch eine Lektion lernen, die wir alle irgendwann lernen müssen: Wir können keine Verantwortung für das Leben anderer Menschen übernehmen und auch nicht für deren Gedanken und Gefühle. Sie werden wahrscheinlich noch sehr viele traurige Erlebnisse haben, bis Sie endlich merken, daß Ihre Mutter nur sich selbst helfen kann. Ich rate Ihnen, mit Ihrer Mutter überhaupt nicht mehr übers Trinken zu reden. Denn das belastet sie nur, verursacht ihr Schuldgefühle, und aus lauter Verzweiflung wird sie noch mehr trinken. Das ist das ganz große Problem, daß wir irgendwann an unsere Grenzen stoßen, erfahren, daß wir einem anderen nicht mehr helfen können. Es bringt wirklich nichts, wenn Sie Ihrer Mutter wegen der Trinkerei ins Gewissen reden. Genießen Sie lieber die Zeit, die Sie mit ihr haben, und kümmern Sie sich ab sofort nur noch um Ihr eigenes Seelenleben. So werden Sie indirekt auch ihr helfen, weil Sie dann noch mehr Kraft haben, Ihre Mutter so zu respektieren, wie sie ist und leben will.*

Anruf von Kerstin (21): Ihr Vater ist Alkoholiker und war monatelang in einer Anstalt. Wer soll sich nach seiner Entlassung um ihn kümmern? Kerstin will mit ihrem Freund zusammenziehen, und die Mutter hat einen Freund

CORSSEN *Sie haben also Angst, daß Ihr Vater — wenn er ganz alleine ist — wieder einen Rückfall hat?*

KERSTIN »Ja, weil mein Vater sehr labil ist. Er nimmt sich alles furchtbar zu Herzen. Er hat auch nicht verkraftet, daß meine Mutter seit drei Jahren einen Freund hat. Sie will mit ihm jetzt zusammenziehen und meinen Vater nicht mehr unterstützen. Ich habe jetzt echte Gewissensbisse, ob ich in der Situation auch noch von zu Hause ausziehen kann.«

CORSSEN *Es ist wirklich ein Problem, daß Sie und Ihre Mutter ausgerechnet zur gleichen Zeit ausziehen wollen.*

KERSTIN »Mein Vater trinkt ja schon viele Jahre. Und meine Mutter will das nicht mehr mitmachen. Mich hat das auch schon als kleines Kind belastet.«

CORSSEN *Könnten Sie denn Ihren Auszug nicht ein paar Wochen verschieben, damit wenigstens Sie da sind, wenn er aus der Anstalt kommt?*

KERSTIN »Ach, für meinen Vater zählt nur meine Mutter. Er liebt sie über alles und möchte, daß sie zu Hause ist. Aber meine Mutter hat die Trinkerei so mitgenommen, daß sie für ihn nur noch Verachtung übrig hat. Sie behandelt ihn schlecht, macht ihm nichts zu essen. Sie ist auch sehr sprunghaft. An einem Tag erklärt sie, daß sie auszieht und dann bleibt sie doch wieder. Ich habe sie schon so oft gebeten, wenigstens ein liebes Wort zum Vater zu sagen, aber dagegen sperrt sie sich. Was ich nicht schon alles probiert habe, damit die beiden wieder einigermaßen zusammenkommen...«

CORSSEN *Es ist sehr liebenswert von Ihnen, daß Sie sich darum so bemühen, aber Sie werden nichts erreichen. Im Gegenteil, Sie bringen die beiden eher noch mehr auseinander. Es geht darum, daß Sie Ihrem Vater zutrauen, daß er auch ohne seine Frau leben kann. Denn je weniger Sie ihm das zutrauen, desto mehr muß er manipulieren, schwach werden, wieder mit dem Trinken anfangen, damit er die Mutter zurückbekommt. Er ist wahrscheinlich sehr abhängig von ihr und braucht sie jetzt auch. Aber wenn Ihre Mutter nun wirklich einen Freund hat und mit ihm leben will, dann sollte sie das ganz konsequent machen. Für Ihren Vater ist es sehr schlecht, wenn sie sich nicht entscheiden kann. Er kann sich nur neu orientieren, wenn Ihre Mutter klaren Tisch macht. Wenn sie hin und her schwankt, wird er versuchen, sie über Krankheit und Schwäche zurückzugewinnen. Sie hilft ihm eher, wenn sie jetzt geht, als wenn sie aus falsch verstandenem Mitleid noch ein paar Wochen bei ihm ausharrt.*

KERSTIN »Sollen wir beide ausziehen?«

CORSSEN *Es wäre schon besser, wenn wenigstens Sie da wären. Sie dürfen Ihren Vater nicht gleich zu sehr überfordern. Aber Sie müssen aufhören, die Verantwortung für sein Glück zu übernehmen. Leben Sie Ihr eigenes Leben.*

Und wenn Sie ausziehen, können Sie ihn ja öfters besuchen. Aber nicht zu oft. Wenn Sie sich zuviel um ihn kümmern, ist er nicht gezwungen, sein Leben selbst in den Griff zu bekommen.

KERSTIN »Ich habe schon mit einem Rechtsanwalt über meinen Vater gesprochen. Der hat gesagt, ich solle meinen Vater entmündigen lassen und eine Pflegestelle für ihn besorgen. Aber mich drückt deswegen das schlechte Gewissen. Ich weiß nicht, was ich tun soll. Einerseits möchte ich mit meinem Freund zusammenziehen, andererseits will ich meinen Vater nicht im Stich lassen.«

CORSSEN *Würde Ihr Vater denn freiwillig in ein Heim gehen, um sich pflegen zu lassen?*

KERSTIN »Darüber habe ich noch nicht mit ihm gesprochen. Aber so, wie ich ihn kenne, wird er sich weigern.«

CORSSEN *Eine wirklich schwierige Situation. Ich kann Ihnen jetzt auch nicht raten, daß Sie ausziehen oder bei Ihrem Vater bleiben sollen. Eines möchte ich Ihnen aber klarmachen: Sie können Ihrem Vater nicht helfen, von dieser Sucht wegzukommen. Er sollte zwar, wenn er jetzt nach Hause kommt, nicht gleich völlig alleine auf sich gestellt sein, aber Sie müssen ihn darauf vorbereiten, daß Sie vorhaben, Ihr eigenes Leben zu führen. Deswegen können Sie sich trotzdem weiter um Ihren Vater kümmern, aber das Ausziehen ist für Ihre Liebe bestimmt sehr wichtig. Ihr Freund wird auch wollen, daß Sie mehr mit ihm als mit Ihrem Vater zusammen sind.*

KERSTIN »Klar, er will, daß wir endlich zusammenleben. Aber ich werde halt die Schuldgefühle nicht los, meinen Vater dann im Stich zu lassen.«

CORSSEN *Ich meine, daß Ihr Vater erst dann, wenn er merkt, daß er alleine ist, anfängt, sich über seine Situation Gedanken zu machen. Vielleicht ist er dann doch bereit, in ein Pflegeheim zu gehen. Aber Sie müssen Ihr eigenes Leben leben. Solange Sie das nicht tun, solange Sie und Ihre Mut-*

Wie helfen bei Alkoholproblemen?

Meiner Erfahrung nach ist es erfolgversprechender, die Angehörigen oder Freunde eines Alkoholikers aufzuklären und zu beraten, als ein Problemgespräch mit dem Kranken selbst zu führen. So hart sich das auch anhört, häufig sind gerade die Helfer die größten Komplizen des Alkoholsüchtigen. Ob sie nun seine versteckten Flaschen aufspüren und sie vor ihm verstekken, ob sie beim Arbeitgeber für seine Fehlzeiten ein Alibi erfinden, ihm jeden Tag ins Gewissen reden und ihm das Versprechen abnehmen, nie mehr zu trinken, ihm drohen oder ihn bestrafen oder ihn mit psychologischem Geschick oder weiterem liebevollen Einsatz von der Flasche wegdrängen wollen, die gutmeinenden Helfer hemmen leider durch ihr Engagement die Eigenverantwortlichkeit und die Persönlichkeitsentwicklung des Alkoholkranken. Je weniger Einsicht der Suchttrinker hat und je mehr er sich weigert, sein Alkoholproblem wahrzunehmen, desto größer werden seine Schwierigkeiten. Solange er und seine Angehörigen irrtümlich annehmen, daß Alkoholismus nur eine dumme Angewohnheit oder eine Charakterschwäche ist, glauben sie natürlich auch, das Problem mit vereinten Kräften überwinden zu können. Aber

ter Schuldgefühle haben, wird der Vater weiterhin versuchen, Sie beide bewußt oder unbewußt durch seine Sucht und Schwäche an sich zu binden. Und letztlich ist dann nicht nur sein Glück zerstört, sondern auch das Ihre und das Ihrer Mutter.

keiner von ihnen wird zum Beispiel auf den Gedanken kommen, die Krankheit Gelbsucht mit Fürsorge, Moral und Opferungen heilen zu wollen. Warum fällt es gerade dem Partner eines Alkoholkranken so schwer, seine Hilflosigkeit der Sucht gegenüber zu akzeptieren? Viele Untersuchungen zeigen, daß Partner von Alkoholkranken oft die gleichen Ängste und Abhängigkeiten haben. Durch die rührende und aufopfernde Hilfe kompensieren sie oft ihre eigenen Angst- und Ohnmachtsgefühle, lenken also von ihren eigenen Schwierigkeiten ab. Auch sind sie im Vergleich mit ihrem Zögling immer der Stärkere und der moralisch Bessere. Wenn ein Alkoholiker wirklich trocken wird, das heißt seine Sucht in den Griff bekommt, geht es dem Partner häufig schlechter, weil er auf sich geworfen wird und dadurch selber Probleme bekommen kann. Je unabhängiger man sich vom alkoholkranken Partner macht – natürlich ist das nicht so leicht – und ihm die Verantwortung für sein Leben überläßt, desto größer wird die Wahrscheinlichkeit, daß er sich dann von Profihelfern aufbauen und stärken läßt, um dann mit dem Leben auch ohne Drogen fertig zu werden.

PARTNERSCHAFT

**Anruf von Manuela G. (30):
Sie hat Angst vor den
Zornausbrüchen ihres Freundes.
Er, der sonst zärtlich und liebevoll
ist, wird plötzlich
unberechenbar und gewalttätig.
Soll sie sich von ihm lösen,
weil es keinen Sinn mehr hat?**

CORSSEN *Was sind die Auslöser dieser Wutausbrüche?*

MANUELA »Es passiert immer, wenn ihm etwas nicht gefällt oder wenn er sich nicht durchsetzen kann. Manchmal aber auch nur aus schlechter Laune heraus.«

CORSSEN *Was macht er dann?*

MANUELA »Er schreit so laut, daß es im ganzen Haus zu hören ist. Wir wohnen in einem Mietshaus, und die Nachbarn bekommen alles mit. Er wird ausfallend, wirft mit Gegenständen um sich und haut kaputt, was ihm zwischen die Finger kommt.«

CORSSEN *Und er geht auch auf Sie los?*

MANUELA »Das ist es ja! Wenn er zornig wird, schlägt er mich. Deswegen habe ich auch schon mehrmals versucht, mich von ihm zu trennen. Aber ich schaffe es nicht, obwohl ich weiß, daß es fast zwecklos ist, diese Beziehung aufrechtzuerhalten.«

CORSSEN *Erklären Sie mir, was Ihnen an diesem Mann gefällt.*

MANUELA »Er ist auf der anderen Seite sehr gutmütig, anständig, hilfsbereit. Er kann lustig sein, zärtlich und feinfühlig. Ein Mann mit zwei Gesichtern, unheimlich nett und unheimlich ekelhaft.«

CORSSEN *Hat er was getrunken, wenn er so ausflippt?*

MANUELA »Also, er kriegt seine Wutanfälle auch im nüchternen Zustand. Aber mit Alkohol wird er noch aggressiver. Anfangs habe ich es auf mich selbst geschoben, habe gemeint, ich hätte etwas verkehrt gemacht. Jetzt weiß ich, daß er schon immer jähzornig war, auch einen jähzornigen Vater hatte, und daß seine Jugend ziemlich unerfreulich ablief.«

CORSSEN *Das ist alles für Sie ziemlich schwer. Es schwingt ja immer die Angst mit, hoffentlich sage ich nichts Falsches, hoffentlich mache ich nicht irgend etwas, was ihn reizt.*

MANUELA »Genau, für mich sind seine Wutanfälle fast asozial. Ich habe mir nie vorstellen können, daß ich an so einen Mann geraten könnte. Aber er ist eben auf der anderen Seite ein liebenswerter Mensch.«

CORSSEN *Ändern können Sie ihn nicht mehr. Ich kann Ihnen nur raten, wie Sie sich richtig verhalten, wenn er diese Anfälle von Jähzorn bekommt. Widersprechen Sie ihm nicht, versuchen Sie nicht recht zu haben, sagen Sie nichts, bleiben Sie einfach ruhig.*

MANUELA »Das nutzt doch alles nichts. Ich habe es mit Gegenargumenten, mit Streit, mit Freundlichkeit, mit Stillsein und Weggehen probiert. Er nimmt nichts an. Ich wollte auch schon aus der Wohnung abhauen, aber er läßt mich dann nicht gehen. Gibt es für so einen Menschen nicht eine Therapie? Für mich sind seine Wutanfälle wie eine Krankheit.«

CORSSEN *Dieser Jähzorn ist vermutlich zum Teil Veranlagung und das Produkt seiner bisherigen Erfahrungen, eine Mischung aus Temperament und Viel-Wollen, aber dann nicht können. Ein Mensch, der schreit und schlägt, fühlt sich immer in einer Ohnmachtssituation. Er bekommt irgend etwas nicht, was er will, und dann fängt er mit dem Schreien an, weil er bestimmt schon häufig erlebt hat, daß das den anderen zunächst schockiert und er dann Erfolg hat. Dieser Jähzorn hat aber viel mit minderem Selbstwertgefühl zu tun. Man sollte Ihrem Freund schon raten, daß er mit einem Psychologen redet oder in eine Selbsterfahrungsgruppe geht, um überhaupt mal über sich nachzudenken.*

MANUELA »Er ist schon jemand, der zugibt, daß diese Wutanfälle ein Problem sind. Er hat Momente der Einsicht.«

CORSSEN *Vielleicht steht Ihr Freund unter zu großer Anspannung, die sich gelegentlich entlädt. Manchmal hilft da – so einfach es auch klingt – eine halbe Stunde Squash-Spielen am Tag. Ich habe selbst einen Freund, der seine Ehe dadurch rettete, daß er nach der Kanzlei immer ins Squash-Zentrum geht. Er tobt sich dort aus, wird den Streß los und kommt friedlich nach Hause.*

MANUELA »Wie bringe ich ihn dazu, zu einem Psychologen zu gehen oder in eine Selbsterfahrungsgruppe? Ich habe ihm auch angeboten mitzugehen, aber er will nicht.«

CORSSEN *Ich kann Ihnen nur sagen, wenn er nicht von selbst geht, nur so hingeschickt wird, dann ist er nicht motiviert und hält es auch nicht durch. Da geht er höchstens einmal zum Therapeuten und behauptet anschließend, das bringe nichts. Er muß schon selber durch seine Wutanfälle einen Leidensdruck haben. Vielleicht ist das der Fall, wenn Sie sagen, ich mache das nicht mehr mit. Aber hoffen Sie nicht zu sehr darauf, daß sich sein Jähzorn legt. Sie können da wenig machen. Sie müssen für sich überlegen, was überwiegt: die schönen oder die schlimmen Stunden mit ihm. Und solange Sie mit ihm zusammen sind, sind Sie auch an dem, was Sie mit ihm erleben, beteiligt. Wer kümmert sich um Ihr Glück, wenn Sie es nicht tun?*

Anruf von Bernd L. (21):
Er hat sich in die Verkäuferin einer Metzgerei verliebt.
Aber er traut sich nicht, sie anzusprechen und einzuladen

CORSSEN *Sehen Sie diese Verkäuferin oft?*

BERND »Seit sie mir vor drei Wochen aufgefallen ist, gehe ich, ehrlich gesagt, jeden Tag in den Laden und kaufe Würstchen.«

CORSSEN *Das geht ja ganz schön ins Geld, wenn Sie nun täglich Wurst kaufen. Haben Sie nicht das Gefühl, dieses Mädchen spürt, daß Sie nur ihretwegen kommen?*

BERND »Ich glaube schon, aber sicher bin ich mir nicht.«

CORSSEN *Was haben Sie sich denn so vorgestellt? Was würden Sie diesem Mädchen am liebsten sagen?*

BERND »Das ist genau mein Problem. Ich bringe nichts über die Lippen, aber sonst bin ich gar nicht so blöd.«

CORSSEN *Überlegen Sie trotzdem einmal. Was könnten Sie sagen?*

BERND »Nun, ob sie vielleicht mal mit mir ausgehen würde...«

CORSSEN *Und was würden Sie ihr vorschlagen, wohin Sie gehen könnten?*

BERND »Wahrscheinlich in eine Disco oder so...«

CORSSEN *Also, wenn Sie damit beginnen, daß Sie ihr vorschlagen, Sie würden gerne mit ihr ausgehen, weiß sie doch gar nicht, um was es geht. Das Mädchen könnte Angst bekommen, sie weiß ja nicht genau, was Sie, ein fremder Mann, von ihr wollen. Wenn Sie unbedingt mit ihr ausgehen wollen, dann schlagen Sie Ihr etwas Konkretes vor. Zum Beispiel: Ich habe da zwei Karten für ein Konzert oder ich möchte mit Ihnen ins Kino gehen. Und vorher sagen Sie ihr, daß Sie sie nett finden.*

BERND »Immer wenn ich vor ihr stehe, verliere ich jeden Mut.«

CORSSEN *Das ist verständlich, weil Sie Angst haben, abgewiesen zu werden. Was könnte schon passieren, wenn Sie ihr erklären: Sie kennen mich ja schon, ich kaufe dauernd Wiener Würstchen. Aber nur, weil Sie mir so gefallen. Ich kann mir das mit den Würstchen nicht mehr lange leisten. Wollen wir das Geld nicht lieber zusammen ausgeben?*

BERND »Und wenn sie keine Lust hat, mich kennenzulernen?«

CORSSEN *Was machen Sie sich darüber jetzt schon Gedanken? Mit einer negativen Einstellung können Sie fast nichts beginnen. Weil Sie immer gleich denken, vielleicht klappt es nicht. Mein Rat: Sie gehen zu diesem Mädchen und machen ihr den Vorschlag, zusammen auszugehen. Sie sollten aber auch akzeptieren, wenn das Mädchen ablehnt. Wenn das der Fall ist, könnten Sie ihr folgenden Satz sagen: Schade, ich hätte Sie gerne kennengelernt. Das ist alles. Mehr müssen Sie nicht leisten. Sie haben einen tollen Abgang — weil das Mädchen denkt: Mein Gott, der ist wirklich nett und verständnisvoll, vielleicht sollte ich es mir doch noch überlegen. Also, gehen Sie das Risiko ein. Machen Sie sich klar, daß Sie nichts verlieren können — und daß das viele Wurstessen zu teuer und zu frustrierend wird...*

Anruf von Gudrun (31):
Sie weiß nicht,
wie es sich besser lebt –
alleine oder zu zweit?
Ihr Freund möchte unbedingt
zu ihr ziehen,
sie aber hat Bedenken

CORSSEN *Was für Bedenken haben Sie?*

GUDRUN »Ich mag meinen Freund wirklich, aber er ist so geizig. Ich verdiene viel weniger als er und kann zum Beispiel im Urlaub nicht immer mithalten. Das macht ihm nichts aus, er verreist dann halt ohne mich. Wie soll das erst werden, wenn wir zusammenziehen?«

CORSSEN *Sie nehmen es offenbar sehr persönlich, daß er mit Ihnen nicht großzügig ist. Wenn er wirklich mehr Geld hat als Sie, dann nimmt man natürlich auch an, daß er Ihnen als seiner Freundin gerne eine Freude macht und Sie einlädt.*

GUDRUN »Ich weiß nicht, ob ich mit so einem Mann auf Dauer glücklich werde.«

CORSSEN *Natürlich hat er das Recht, mit seinem Besitz so umzugehen, wie er will. Vielleicht sollte man auch nicht gleich von Geiz sprechen, sondern daß man sagt, gut, der gibt eben nicht gerne her. Wenn er so auf seinem Geldsack sitzt, müßten Sie sich auf seine positiven Seiten konzentrie-*

ren, die er ja sicher auch hat. Aber es kann auch sein, daß dieses Nicht-hergeben-Wollen eine Gesamthaltung ist, daß es sich bei ihm um einen starken Egoisten handelt.

GUDRUN »Wie bekomme ich das raus?«

CORSSEN *Achten Sie darauf, wieviel er Ihnen von seiner Zeit schenkt und was er bereit ist, für Sie zu opfern.*

GUDRUN »Wir verbringen sehr viel Zeit gemeinsam.«

CORSSEN *Aber offenbar doch nur Zeit, die ihn nicht viel kostet!*

GUDRUN »Wir waren auch zweimal gemeinsam im Urlaub. Einmal zu zweit, einmal mit meiner elfjährigen Tochter. Ich bin geschieden und alleinerziehend, da kann ich mir nicht viel leisten. Er ist auch geschieden und mußte seiner Frau bei der Scheidung 60 000 Mark zahlen.«

CORSSEN *Kann sein, daß er seit der Scheidung einen Schock hat und sagt, ich bezahle nie mehr für eine Frau. Diese Einstellung könnte sich geben, wenn Sie beide zusammenleben.*

GUDRUN »Ich weiß nicht, er ist begeisterter Skifahrer, ich selbst fahre nicht Ski. Er hat gesagt, ich soll mir eine Skiausrüstung kaufen, dann könnten wir zusammen zwei Wochen Skiurlaub machen. Aber ich kann mir das alles nicht leisten.«

CORSSEN *Und es liegt Ihnen natürlich auf der Zunge zu sagen, schenk mir doch die Ausrüstung oder den Urlaub?*

GUDRUN »Ja sicher, ich bringe das aber nicht fertig.«

CORSSEN *Ich glaube, es geht hier darum, daß Sie lernen sollten auszudrücken, was Sie bewegt und was Sie wollen.*

GUDRUN »Mir fällt es einfach schwer, Forderungen zu stellen.«

CORSSEN *Mein Eindruck ist, daß Sie auch geizig sind. Geizig mit Ihren Äußerungen. Sie halten Ihre Gefühle, Ihre Enttäuschung zurück. Das ist auch eine Form von Geiz. Versuchen Sie für ihn ein positives Modell zu sein, und geben Sie ihm was von sich — und zwar Ihre Gefühle, auch Ihre Kritik. Sonst bauen Sie sich immer weiter gegen ihn auf, kontrollieren, wo er schon wieder geizig war, reagieren stocksauer, wenn er wieder kein Getränk für Sie spendiert hat. Ist Ihnen eigentlich bewußt, daß Sie auf dem Weg sind, sich von ihm zu trennen?*

GUDRUN »Eigentlich schon.«

CORSSEN *Das ist schade. Bevor Sie sich von ihm trennen, weil Sie meinen, daß er knauserig ist, sollten Sie großzügiger mit Ihren Gefühlen und Ihrer Kritik sein und sie ihm schenken...*

GUDRUN »Aber ich kann doch jetzt nicht sagen, du bist ein Geizhals, du könntest mich einladen?«

CORSSEN *Das meine ich auch nicht. Sie sollten nur Ihre Gefühle äußern und keine Psychiatrie betreiben. Ich nenne es das Diagnostik-Spiel: Du bist böse, du bist gemein, du bist ein Geizhals. Man hängt jemandem einfach ein Etikett um, behauptet, er sei so und so. Sie sollten bei sich bleiben und einfach sagen: Du, ich möchte dir mal erklären, wie dein Verhalten auf mich wirkt. Natürlich kannst du so sein, wie du bist, aber als Frau fühle ich mich da schlecht behandelt.*

GUDRUN »Es fällt mir so schwer, an eine gemeinsame Zukunft zu denken.«

CORSSEN *Und genau das sagen Sie ihm so offen, wie Sie es mir gesagt haben. Bei mir sind Sie großzügiger als bei ihm.*

GUDRUN »Er wollte mir eine Lampe schenken. Und da hätte mir eine gefallen, die 89 Mark kostete. Und was hat er mir für eine gekauft? Einen Wandstrahler für 12 Mark...«

CORSSEN *Wenn es für Sie nicht so tragisch wäre, dann wäre es ja ein bißchen lustig. Da schenkt er Ihnen einfach einen Wandstrahler. Licht ist Licht, sagt er sich...*

GUDRUN »Aber ich meine, die 89 Mark tun ihm nicht weh.«

CORSSEN *Sie sollten sich mal ganz ehrlich fragen, ob Sie ihn nicht auch deshalb mögen, weil er reich ist.*

GUDRUN »Deswegen nicht.«

CORSSEN *Das wollte ich nur fragen, weil es doch diesen Spruch gibt, daß Geld eine gute Charaktereigenschaft des Mannes ist.*

GUDRUN »Ich glaube, wenn er nicht so viel Geld hätte, dann wären wir glücklicher.«

CORSSEN *Das glaube ich auch, weil Sie jetzt dauernd so ärgerlich sind, wenn er nichts rausrückt. Ich verstehe Ihren Verdruß, aber den sollten Sie ablegen. Also hören Sie auf, Psychiater zu spielen. Sagen Sie ihm nicht, was für einer er ist, sondern wie Sie darunter leiden. Sagen Sie ihm, daß Sie eher Männer mögen, von denen Sie verwöhnt werden.*

GUDRUN »Ein bißchen Verwöhnen wäre schön.«

CORSSEN *Das hat auch etwas mit Liebe zu tun, mit Geben. Und das sagen Sie ihm, und zwar möglichst schnell, sonst sind Sie auf dem Rückzug.*

GUDRUN »Ob es sich lohnt, mit ihm zusammenzuziehen?«

CORSSEN *Da kann Ihnen niemand die Entscheidung abnehmen. Aber ich glaube, daß Sie Chancen haben, mit diesem Mann glücklich zu werden. Sie müssen nur das fordern, was Sie wollen. Viele Männer merken einfach nicht, was Frauen sich wünschen. Wenn Sie also mehr wagen, sich offener zu äußern, bekommen Sie noch mehr Entscheidungshilfen.*

Allein oder lieber zu zweit?

Folgende Fragen werden mir häufig gestellt:
»Soll ich ihm/ihr zeigen, daß ich ihn/sie mag...?«
»Soll ich mich wirklich auf sie/ihn einlassen...?«
»Soll ich mich von meinem Partner trennen...?«

Dieses ›Soll ich‹ fragt man mich immer wieder! Das klingt so nach »müßte ich nicht eigentlich« oder »Mutter und Vater sagen mir doch, was wahr ist oder was gut für mich ist.«

Man möchte am liebsten die Verantwortung für sein Handeln von sich wegschieben, an andere delegieren. Es geht ja auch um eine große Angelegenheit. Allein sein oder zu zweit sein, das ist hier die Frage. Natürlich will ich als Psychologe nicht Beschützer spielen oder einem Zweifler sagen, was für ihn gut ist und was nicht. Ich kann ihm nur Informationen und Denkanstöße geben. Er muß sich aber selbst entscheiden, ob nun gegen oder für einen Partner. Um das Problem auf den Punkt zu bringen, müßte man sich wohl fragen: Was kostet mich diese Partnerschaft? Will ich diesen Preis für eine Zweierbeziehung bezahlen? Zweifel ergeben sich wohl meist dann, wenn der Profit-Kosten-Austausch stark zu eigenen Ungunsten auszufallen scheint.

Profit könnte sein: nicht allein sein, gemeinsames Erleben, lieben und geliebt werden, materielle Vorteile, Geborgenheit und Schutz, Sexualität, gleiche Ängste und Träume und so weiter und so weiter.

Kosten könnten sein: die Angst, sich zu blamieren oder verlassen zu werden, eigene Bedürfnisse und Ziele der Partnerschaft opfern, das frustrierende Warten auf Veränderung, materielle Nachteile, die Kraft aufbringen, sich ehrlich zu äußern, der Kampf ums Rechthaben, um Zärtlichkeit und Sexualität, Überforderung, Trennung und so weiter und so weiter.

Es kann einem ja ganz schlecht werden, wenn man diese Kostenliste studiert, aber auch ganz warm ums Herz, wenn man sich eine funktionierende Zweisamkeit vorstellt. So müßte wohl auch die Liebe für sich mit dem Slogan werben: Es war schon immer etwas teurer, einen besonderen Geschmack zu haben. Also, auch die Liebe kostet etwas! Wer merkt, daß er Trauer, Wut, Kämpfen und verzweifeltes Warten unter die Rubrik Profit einträgt, sollte sich mal mit einem Psychologen unterhalten. Denn dann geht es mit ihm und der Beziehung bergab.

Und übrigens: Für mich gibt es eigentlich gar keine ›Partner‹ in der Liebe (jeder gibt und bekommt 50%), sondern nur Menschen, die sich nach Zweisamkeit, Freundschaft und Liebe sehnen und die nicht immer auch das wollen, was der will, den sie lieben.

FREUNDSCHAFT

**Anruf von Beate (28):
Sie hat regelmäßig Krach mit
ihrem Freund,
weil er sich zu sehr von einem
befreundeten Pärchen
ausnutzen läßt –
menschlich und finanziell.
Aber er ändert sich nicht**

CORSSEN *Auf welche Art und Weise wird Ihr Freund so ausgenutzt?*

BEATE »Mein Freund ist ziemlich gutmütig. Und für seinen Freund und dessen Freundin macht er einfach alles. Er meldet für sie das Auto beim TÜV an, tapeziert deren Wohnung, kauft auch ein. Wenn ich ihm deswegen Vorhaltungen mache, sagt er, daß dieser Typ sein Freund sei. Er kapiert einfach nicht, wie dieser Kerl und dessen Freundin uns auf der Tasche liegen. Die nehmen ja meinen Freund auch finanziell aus, leihen sich Geld – immer kleine Beträge, die sie dann vergessen zurückzuzahlen – und auch Klamotten. Der Typ kommt zum Beispiel zu uns, fragt meinen Freund, was er anzieht und meint dann: Ja, wenn du das heute nicht trägst, kann ich mir ja die Jacke und das Hemd ausborgen. Wenn der Typ die Klamotten wiederbringt, sind sie oft schmutzig oder sogar zerrissen. Dann habe ich auch noch herausgefunden, daß dieses Pärchen meinem Freund Karten für ein Popkonzert verkaufte, und dabei waren es Freikarten. Ich finde das eine echte Schweinerei. Aber wenn ich das meinem Freund unter die Nase halte, will er davon nichts wissen. Er sagt immer, daß dieser Typ sein Freund wäre und wir mehr Geld zur Verfügung hätten und deswegen nicht geizig sein dürften. Aber wir bekommen von denen überhaupt nichts zurück. Wenn wir bei diesen sogenannten Freunden eingeladen sind, gibt's immer nur Mineralwasser, weil sie angeblich auf Diät sind. Aber bei uns sind die nie auf Diät, da plündern sie unsere Lebensmittelvorräte.«

CORSSEN *Ich kann gut verstehen, daß Sie so ärgerlich reagieren, wenn Sie das alles beobachten, und daß Sie natürlich Ihrem Freund gerne beweisen wollen, wie unverfroren er ausgenutzt wird. Aber er wird seinen Freund verteidigen und versuchen, Ihnen klarzumachen, daß Sie zu spießig sind und diesen Typ nur schlechtmachen wollen. In diesem Kampf werden Sie nicht viel erreichen. Ich vermute, daß Sie einfach akzeptieren müssen, wie Ihr Freund mit seinem Leben und seinen Freunden umgeht. Vielleicht mögen Sie ihn auch deshalb, weil er so großzügig und gutmütig ist.*

BEATE »Ich habe ja schon den Kontakt zu diesen Leuten total abgebrochen. Für mich gab's nur zwei Möglichkeiten: Entweder mit diesem Paar nicht mehr zusammenzukommen oder den beiden knallhart zu erklären, daß ich es nicht gut finde, wie sie uns ausnutzen. Aber mein Freund hat mir strikt verboten, sowas zu sagen. Er hat Angst, ich könnte seinen besten Freund verletzen. Da habe ich ihm gesagt: Gut, wenn ich nichts mehr sagen darf, will ich mit denen nichts mehr zu tun haben. Aber seitdem streiten wir uns täglich über dieses Thema.«

CORSSEN *Sie müssen ja nicht unbedingt tun, was er Ihnen da sagt. Erklären Sie diesem Paar nicht in beleidigender Form, sondern ganz freundlich: Paßt mal auf, ich werde mit eurem Verhalten nicht fertig. Ich habe eine andere Vorstellung von Freundschaft, und mein Freund und ich sind uns in diesem Punkt nicht einig. Also ich sehe es eben so, daß Freundschaft eine Sache von Geben und Nehmen ist, und nach meinem Geschmack gebt ihr uns oder wenigstens mir zu wenig. Darüber streite ich mich mit meinem Freund ständig, und deshalb will ich nicht mehr so eng mit euch befreundet sein. Andererseits kann und will ich meinem Freund die Beziehung zu euch nicht ausreden. Wenn Sie so mit diesem Paar reden, wäre das auf Dauer für Ihre Freundschaft am besten. Denn wenn Sie in dieser Sache nicht einmal Ihre Meinung äußern, werden Sie weiterhin ständig Ihren Freund angreifen anstatt seine Freunde.*

BEATE »Ich habe aber schon seit zwei Monaten den Kontakt zu diesem Paar total abgebrochen.«

CORSSEN *Wissen die, warum?*

BEATE »Keine Ahnung. Ich habe meinen Freund gefragt, was er den beiden gesagt hat, warum ich abends nicht mehr dabei bin. Er behauptet, daß die nicht nach mir fragen. Aber das glaube ich nicht. Es ist doch komisch, wenn ich plötzlich nicht mehr dabei bin. Aber nach dem letzten Kinobesuch hat es mir echt gereicht. Erst haben die beiden gesagt, daß wir die Karten besorgen sollen. Gut, habe ich gemacht. Als ich von denen das Geld zurückhaben wollte, behaupteten sie, es mir schon gegeben zu haben. Und das war einfach nicht wahr.«

CORSSEN *Sie haben natürlich ein Recht auf die Ordnung, die Sie sich da vorstellen, und die sollten Sie auch verteidigen. Ihr Freund hat einfach eine ganz andere Weltansicht. Womöglich bewertet er in dieser Freundschaft zu seinem Freund und dessen Freundin nur positive Gefühle, während Sie sich um die meßbaren Dinge kümmern und nachrechnen. Jeder von Ihnen beiden hat in seinem Denksystem recht. Ich glaube, wenn Sie jetzt nicht mit dem Kämpfen aufhören, wird Ihre Beziehung auf Dauer gefährdet sein. Sie haben Ihre Idee vom Leben und von der Freundschaft, Ihr Freund hat eine andere.*

BEATE »Ich habe ja meinem Freund schon gesagt, daß er machen kann, was er will. Wenn er seinem Freund das Auto borgen möchte und wenn ihm egal ist, daß er es ohne Benzin zurückbekommt und kaum noch die nächste Tankstelle erreicht, dann ist es seine Sache. Aber mein Auto und meine Klamotten bekommen die nicht mehr.«

CORSSEN *Ich finde das sehr richtig, wenn Sie konsequent nichts mehr herborgen. Sie müssen ja nicht aggressiv werden, und Sie sollten auch nicht soviel vom Ausnützen sprechen, sondern immer bei sich bleiben und sagen, ich mag das nicht, mir gefällt diese Art nicht, und ich ziehe jetzt meine Sache hier ganz konsequent durch. Überlassen Sie es Ihrem Freund, ob er seine Sachen weggibt, Ihnen kann das doch gleichgültig sein.*

BEATE »Gleichgültig kann mir das nicht sein. Ich bin ja unmittelbar davon betroffen, wenn er von seinen Freunden ausgebeutet wird. Mein Freund borgt sich zum Beispiel von mir 500 Mark, die ich ihm gerne gebe. Aber er leiht das Geld seinen Freunden. Und wenn ich dann am Wochenende mit ihm wegfahren will, geht das nicht, weil ihm sein Freund die 500 Mark noch nicht zurückgegeben hat. Da kann es mir doch wirklich nicht gleichgültig sein, wenn mein Freund dauernd borgt und borgt...«

CORSSEN *Sie reagieren natürlich immer aggressiver und enttäuschter, wenn Sie ständig solche Nachteile durch die Freunde Ihres Freundes erleben. Andererseits sollten Sie sich mal fragen, warum Sie das eigentlich so lange mitgemacht haben? Meine Meinung: Je weniger Sie sich wehren, desto ärgerlicher werden Sie auf Ihren Freund. Wenn Sie jetzt aber konsequent bleiben und sich, ohne viel zu schimpfen, zurückziehen, werden Sie sich weniger ärgern. Sie persönlich haben ja keinen Verlust mehr. Aber hören Sie bitte auf, darauf zu warten, daß Ihr Freund sich verändert. Er hat ein ganz anderes Bezugssystem. Sie müssen sich sogar überlegen, ob diese Beziehung auf Dauer für Sie gesund ist. Ich kann mir vorstellen, daß, wenn Sie beide die Welt so verschieden sehen, es immer wieder zu schwerwiegenden Störungen kommt.*

BEATE »Früher haben wir uns immer gut verstanden. Erst in letzter Zeit streiten wir uns wegen dieses Pärchens so sehr. Mein Freund schlägt zum Beispiel vor, daß wir mit denen Freitagabend ausgehen und ich sage, daß das nicht in Frage kommt, weil wir für die garantiert alles zahlen müssen, von Eintrittskarten bis zum Getränk. Schon liegen wir uns wieder in der Wolle.«

CORSSEN *Weil Sie natürlich recht haben wollen, und Ihr Freund will in seinem System auch recht haben. Aber Sie sind schon sehr autoritär, das muß ich Ihnen sagen. Sie möchten unbedingt, daß Ihr Freund auf Ihre Wahrheit einschwenkt, und er will es aus Gründen der Selbsterhaltung nicht tun. Mein Rat: Tun Sie das, was Sie für richtig halten, aber hören Sie auf, mit dem Zeigefinger auf Ihren Freund loszugehen. Und überlegen Sie sich, ob er wirklich der Richtige für Sie ist...*

BEATE »Ich glaube ganz sicher, daß er der Richtige ist, trotzdem mag ich seine Freunde nicht.«

CORSSEN *Sie müssen sie auch nicht mögen. Es ist bestimmt sehr wichtig, daß Sie lernen, sich durchzusetzen. Andererseits müssen Sie aber auch Toleranz üben.*

BEATE »Klar, aber wie verstehe ich mich mit meinem Freund wieder besser? Er wird immer böse, wenn ich sage, daß ich seine Freunde nicht mag. Er geht dann mit denen weg, zahlt für sie alles, und ich hocke zu Hause vor dem Fernseher.«

CORSSEN *Es ist wirklich einfach! Sie kommen mit Ihrem Freund dann wieder klar, wenn Sie ihn nicht mehr erziehen wollen, sondern ihn einfach nur lieben.*

Anruf von Richard (23):
Er ist in einer lustigen Clique, in der er immer zum Mittrinken animiert wird.
Er mag aber keinen Alkohol und wird deswegen als Schlaffi ausgelacht

CORSSEN *Was sagen Ihre Freunde, wenn Sie nicht mittrinken wollen?*

RICHARD Daß ich ein lascher Typ sei. Deswegen gehe ich jetzt schon häufig mit meinen Freunden nicht mehr weg. Ich fühle mich überhaupt nicht mehr akzeptiert. Aber ihr vieles Trinken finde ich auch nicht gut.«

CORSSEN *Wie erklären Sie Ihren Freunden, warum Sie wenig trinken?*

RICHARD »Ich bin im Fußballverein. Ich treibe halt viel Sport und kann keinen schweren Kopf gebrauchen. Außerdem schmeckt mir der Alkohol einfach nicht richtig.«

CORSSEN *Haben Sie das Gefühl, deswegen von Ihren Kumpeln nicht richtig ernstgenommen zu werden?*

RICHARD »Genau, die lachen mich doch aus, sagen, ich wäre ein Schlaffi.«

CORSSEN *Eigentlich komisch, daß gerade Sie als Schlaffi gelten, wo Sie im Sportverein sind und eine gute Kondition haben und nicht trinken. Meine Idee ist, daß Ihre Freunde* *sich vielleicht ein bißchen schuldig fühlen könnten, weil sie trinken. Vielleicht beneiden Sie Ihre Kumpels auch um diese Disziplin, nichts zu trinken, und fühlen sich Ihnen insgeheim unterlegen. Warum trinken denn die anderen — weil sie Hemmungen abbauen wollen und nur so aus sich rausgehen können.*

RICHARD »Das mag schon stimmen, aber ich fühle mich trotzdem irgendwie außerhalb der Clique. Die lehnen mich ab. Das geht schon so weit, daß ich mir überlege, ob ich mit denen nicht doch mal richtig saufen gehen soll.«

CORSSEN *Ich meine, daß es keine guten Freunde sind, wenn die es jetzt davon abhängig machen, daß Sie nur mit der Clique zusammen sein dürfen, wenn Sie auch mittrinken. Kann es vielleicht sein, daß Sie den Fehler machen, sich zu sehr zu rechtfertigen und dauernd erklären, warum Sie keinen Alkohol trinken und den anderen raten: Mensch, hört auf, warum trinkt ihr soviel? Das ist doch ungesund! Dann sind Sie für die anderen eher wie ein Lehrer, und Erzieher mag man meistens nicht. Ich rate Ihnen, daß Sie Ihren Freunden gestatten sollten, soviel zu trinken, wie die wollen. Das werden Sie nicht ändern können. Sie sollten für sich immer nur den Satz parat haben: Mir schmeckt es nicht, aber ich wünsche euch guten Durst. Je mehr Sie sich rechtfertigen oder aus Ihrer ablehnenden Haltung heraus die anderen angreifen, desto mehr wird Ihre Abstinenz zum Thema, und die Freunde werden über Sie herziehen und sagen: Schaut mal, der Schlaffi da, der Besserwisser. Dann erst wird die Beziehung zu den anderen wirklich gestört. Also merken Sie sich: Die anderen dürfen trinken, Sie trinken nicht. Mehr ist nicht. Mehr wird darüber auch nicht geredet. Ich garantiere Ihnen, daß, wenn Sie sich an dieses Konzept halten, in einigen Wochen niemand mehr darüber spricht, ob Sie mittrinken oder nicht. Es ist einfach uninteressant. Und wenn es dann noch Störungen zwischen Ihnen und der Clique gibt, sind es andere Dinge.*

Anruf von Agnes (17):
Sie möchte wissen, wie man jemanden tröstet, der sehr traurig ist.
Neulich wollte sie ihrer Freundin helfen, die schlechte Noten geschrieben hat, aber die wendete sich trotzig ab

CORSSEN *Also Deine Freundin hat schlechte Noten geschrieben. Was hast Du zu ihr gesagt?*

AGNES »Ich bin zu ihr hin und wollte sie trösten. Sie ist doch meine Freundin. Aber sie hat komisch reagiert, wollte nicht mit mir reden und hat nur geweint. Ich habe nicht gewußt, wie ich reagieren sollte.«

CORSSEN *Ich kann Dir hier einige Vorschläge machen, und Du schaust mal, was Du damit anfangen kannst. Wichtig ist, einem Menschen, der traurig ist, keine Ratschläge aufzudrängen. Es genügt, wenn Du zum Beispiel Deiner Freundin sagst: Du bist jetzt sehr traurig, und das ist bestimmt furchtbar für dich. Mehr nicht. Man versucht einem einfach nur das Gefühl des Ich-bin-für-dich-da zu geben. Wenn er dann von sich aus was erzählt und über seine Trauer spricht, könnte man ihn fragen: Kann ich dir irgendwie helfen?*

AGNES »Aber gerade in einer solchen Situation, wie bei schlechten Noten in der Schule, kann ich nicht helfen.«

CORSSEN *Deshalb sage ich ja, daß es nur wichtig ist, wenn Du feststellst: Gell, es geht dir jetzt schlecht. Es ist auch zu blöde mit dieser Note. Was willst du jetzt machen? Mehr könntest Du in einer solchen Situation wirklich nicht unternehmen. Denn wenn Du jetzt mit klugen Ratschlägen kommen würdest, zum Beispiel mit dem Vorschlag für Nachhilfeunterricht, dann hilft das im Augenblick nicht. Es würde den Kummer Deiner Freundin nicht lindern, sondern ihr nur deutlich klarmachen, daß sie versagt hat. Es hat auch keinen Sinn, ihr die Traurigkeit auszureden. Sie empfindet sie und muß erst darüber hinwegkommen.*

AGNES »Am liebsten hätte ich sie in den Arm genommen. Aber ich wußte nicht, ob sie das vielleicht albern findet. Kann man überhaupt so spontan reagieren?«

CORSSEN *Unbedingt. Das ist eine sehr gute Idee, einfach in den Arm nehmen und sagen: Das ist wirklich furchtbar für dich. Oder sag: Ich möchte dir was Gutes tun, was kann ich denn machen? Frage sie aber vorher, ob es ihr recht ist, wenn sie von Dir so getröstet wird. Manche Menschen mögen nicht getröstet werden. Deshalb ist es besser, wenn man sich vorher erkundigt. Das möchte ich überhaupt allgemein zum Trösten sagen: Daß man nicht zu schnell Menschen, die niedergeschlagen und verzweifelt sind, mit Trostworten und Ratschlägen zuschüttet und sie auch nicht auffordert, sich zusammenzureißen und sich nichts anmerken zu lassen. Jeder Mensch hat ein Recht auf seine Trauer und seinen Schmerz. Das ist sehr wichtig für sein Leben und sein seelisches Wachstum.*

Anruf von Bettina W. (17):
Sie ist unglücklich, weil sie sich mit ihrer besten Freundin nicht mehr versteht.
Wenn sie sich sehen, gibt es nur noch Streit

CORSSEN *Wie lange kennt ihr euch?*

BETTINA »Wir sind ungefähr fünf Jahre miteinander befreundet und gingen in die gleiche Klasse. Aber vor eineinhalb Jahren kam ich auf eine andere Schule, habe dort auch eine neue Freundin gefunden, und seitdem habe ich mich mit meiner alten Freundin total auseinandergelebt. Sie vertritt ganz andere Ansichten als ich und versteht mich nicht mehr.«

CORSSEN *Habt ihr euch so schnell verschieden entwickelt?*

BETTINA »Ich glaube schon, wir telefonieren nur noch selten miteinander.«

CORSSEN *Kannst Du mir sagen, was Dich an Deiner Freundin stört?*

BETTINA »Sie macht immer so komische Bemerkungen, zieht mich vor anderen auf, weil ich so dünn bin, das nervt mich einfach.«

CORSSEN *Sie kritisiert Dich also?*

BETTINA »Genau, und wenn ich den Spieß mal umdrehe und eine Bemerkung über sie mache, dann regt sie sich gleich wahnsinnig auf. Überhaupt haben wir plötzlich einen ganz gereizten Tonfall miteinander. Früher war das anders, da sind wir nett miteinander umgegangen.«

CORSSEN *Wahrscheinlich ist die Harmonie gestört, weil beide fühlen, daß nichts mehr so wie früher ist. Ihr quält euch halt über die Runden.*

BETTINA »Ich habe ihr auch schon gesagt, wie schade es ist, daß wir uns nicht mehr so gut verstehen. Sie hat gemeint, daß das stimmt, aber sie wolle trotzdem an unserer Freundschaft festhalten. Aber ich glaube, es hat keinen Sinn mehr mit uns beiden.«

CORSSEN *Und jetzt willst Du von mir wissen, wie Du ihr das beibringen kannst?*

BETTINA »Ja, und zwar wie ich ihr das richtig sagen kann.«

CORSSEN *Eigentlich hast Du ihr schon gesagt, daß es nicht mehr so weitergehen kann und daß die Freundschaft einen Knacks hat.*

BETTINA »Ja, ich glaube aber, sie hängt ziemlich stark an mir, weil sie keine richtige Freundin außer mir hat. Ich bin jetzt aber mit diesem anderen Mädchen befreundet, und wenn ich meiner Freundin etwas von der erzähle, regt sie sich auf und wird wahnsinnig eifersüchtig.«

CORSSEN *Wenn ich das richtig verstehe, dann hast Du eher etwas Mitgefühl oder Mitleid mit ihr und bringst es nicht richtig fertig, ihr zu sagen: »Du, ich will nicht mehr.« Du nimmst Rücksicht auf sie.*

BETTINA »So ungefähr.«

CORSSEN *Das ist ein netter Zug von Dir, daß Du sie schonen willst, weil sie alleine ist, während Du ja bereits eine Ersatzfreundin hast. Aber ich glaube, daß es auf Dauer doch keine Schonung bedeutet, weil Du irgendwann gereizt bist und nicht mehr so persönlich mit ihr redest. Da wird sie sich auf Dauer noch mehr abgelehnt und verletzt fühlen. Ich weiß nicht, ob Du ihr mit Deiner Rücksichtnahme einen echten Gefallen tust.*

BETTINA »Aber wie soll ich ihr denn beibringen, daß ich eigentlich nicht mehr mit ihr zusammen sein will?«

CORSSEN *Wenn Du ihr sagst, ich will nicht mehr, dann ist das eine klare Äußerung. Du müßtest Dir folgendes bewußt machen: Du hast ein Recht darauf, daß sich Deine Gefühle verändern. Und Du bist nicht mehr dafür verantwortlich, daß Du sie vor zwei Jahren mal gemocht hast. Daraus kann sich kein Gewohnheitsrecht herleiten. Es ist Dein Recht zu sagen: »Wir haben uns verändert, und ich will nicht mehr mit Dir zusammensein.« Solange Du Dir nicht selbst zugestehst, daß Du ein Recht auf veränderte Gefühle hast, wird es Dir schwerfallen, dich eindeutig auszudrücken. Und sie wird Dich nicht wirklich verstehen.*

BETTINA »Normalerweise bin ich in meinen Ansichten schon eher klar. Ich sage meistens, was ich denke. Nur bei meiner Freundin habe ich Hemmungen.«

CORSSEN *Wenn Du Dir das klargemacht hast, daß Du Dich ja wirklich verändern darfst und ihr auf Dauer eher schadest, als sie schonst, dann wird Dir der Satz leicht fallen: »Du, ich habe das wirklich ernst gemeint, daß wir uns nicht mehr verstehen, und ich merke, daß ich mich auch hinterher, wenn ich mit Dir telefoniert habe, schlecht fühle. Es tut mir leid, und ich will Dich damit auch nicht verletzen, aber ich möchte jetzt keinen Kontakt mehr haben. Sei mir nicht böse, ich habe jetzt auch eine andere Freundin, habe mich anders entwickelt.«*

BETTINA   »Von dieser anderen Freundin sage ich ihr lieber nichts.«

CORSSEN   *Na gut, dann sagst Du nichts von der anderen Freundin. Mach es möglichst kurz, wichtig ist, daß Du Dich nicht rechtfertigst, ihr höchstens erklärst, daß es Dir leid tue, aber in eurer Beziehung wäre nun mal der Wurm und Du würdest nicht mehr darüber reden wollen und dann sagst Du »tschüs und alles Gute«. Und wenn sie wieder anruft, was sie wahrscheinlich machen wird, dann nur, weil Du bis jetzt nicht konsequent genug gewesen bist. Dann sagst Du noch einmal »bitte, respektiere meine Entscheidung« und legst wieder auf.*

BETTINA   »Praktisch soll ich sagen, laß mich in Ruhe, ich mag nichts mehr von dir...«

CORSSEN   *Ja, ich glaube, so brutal kannst Du Dich ausdrücken, wenn sie immer wieder anruft. Es klingt zwar nicht nett, aber Du mußt in Deinen Äußerungen klar sein und nicht glauben, daß Du jetzt die Caritas bist. Mit Deiner direkten Art hilfst Du ihr auch, weil sie weiß, woran sie ist, und sich keine Hoffnungen mehr machen wird. Vielleicht ist sie dann auch in der Lage, sich eine neue Freundin zu suchen. Viel Glück wünsche ich Dir.*

Anruf von Corinna B. (23):
Es fällt ihr so schwer,
sich durchzusetzen. Sie schafft das
nicht einmal bei guten Freunden
und fürchtet, daß sie überhaupt
keinen eigenen Willen besitzt

CORSSEN *Schildern Sie mir ein Beispiel aus letzter Zeit, wo Sie sich nicht durchsetzen konnten.*

CORINNA »Mir fällt sofort ein wirklich lächerlicher, aber typischer Vorfall ein. Ich war vor zwei Tagen bei Freunden zum Essen eingeladen, und es gab Kässpatzen mit Zwiebeln. Ich mag keine Zwiebeln, vertrag sie nicht, aber ich konnte das einfach nicht sagen. Ich habe das Essen in mich hineingewürgt, und das ist doch absurd.«

CORSSEN *Mir fällt gleich auf, daß Sie sagen, Sie hätten es nicht sagen können. Also, ich bin sicher, daß Sie Ihre Zwiebel-Abneigung schon hätten erwähnen können, aber Sie wollten es nicht.*

CORINNA »Ich saß zwischen den anderen am Tisch, und alle haben sich den Teller vollgehäuft und waren so gut gelaunt. Ich habe nur auf meinem Teller herumgestochert und traute mich nicht zu sagen, ›ich mag das nicht‹.«

CORSSEN *Genau das ist der Punkt, den ich bei Ihnen herausarbeiten will. Sie bilden sich nicht ein, daß Sie nichts sagen können, sondern Sie wissen, daß Sie nichts sagen wollen, weil Sie einen guten Eindruck machen wollen.*

CORINNA »Aber, ob ich da wirklich einen guten Eindruck machen will? Ich kenne meine Freunde doch schon so lange.«

CORSSEN *Was könnte es sonst sein? Meine Erfahrung ist, daß Sie Angst haben, die Freunde zu verletzen, die sich mit dem Essen so viel Mühe gemacht haben.*

CORINNA »Dabei habe ich doch selbst mitgekocht. Wir waren zehn Leute, und jeder hat irgend etwas gemacht, und ich hätte zum Beispiel auch beim Kochen sagen können: Paßt mal auf, ich mag keine Zwiebeln.«

CORSSEN *Sie haben sich irgendwann entschieden, vielleicht schon in früherer Kindheit, daß Ihr Bedürfnis nicht so wichtig ist, wie das Bedürfnis der anderen. Und das ist nicht verboten. Sie können sich das weiterhin vornehmen.*

CORINNA »Ich will ja nicht, daß es immer so weitergeht. Die Kässpatzen sind nur ein kleines Beispiel. Es gibt ja auch wichtigere Sachen, wo ich mich nicht durchsetzen kann.«

CORSSEN *Richtig, nur Sie kommen nicht darum herum, irgendwann die Entscheidung zu treffen, daß Ihr Bedürfnis in bestimmten Situationen zu befriedigen noch wichtiger ist, als das der anderen. Solange Sie diese Grundsatzentscheidung nicht treffen, werden Sie sich immer dann, wenn es darauf ankommt, zurückhalten — weil Sie denken, Sie seien nicht so wichtig.*

CORINNA »Ich fühle mich in einer Gruppe mit anderen schon gleichberechtigt. Nur, wenn ich anderer Meinung bin, traue ich mich nicht damit heraus.«

CORSSEN *Was glauben Sie, könnte passieren, wenn Sie nun doch einmal eine andere Meinung äußern?*

CORINNA »Vermutlich nicht viel, die Leute kennen mich ja.«

CORSSEN *Nochmals, was glauben Sie, was dann passiert?*

CORINNA »Eigentlich nichts.«

CORSSEN *Ich versuche, es Ihnen zu erklären. Als kleines Kind haben Sie nämlich Angst gehabt, daß etwas passiert. Als Kind ist man von seinen Eltern abhängig und deren Zuwendung. Und als kleines Kind möchte man die Eltern nicht verärgern. Manchmal sagen die Eltern ja auch, »du bist nicht lieb, wenn du was anderes willst als wir«. Man möchte aber lieb sein. Als Kind haben Sie daher öfter lieber Ihre Gedanken und Bedürfnisse zurückgehalten, um nicht in Disharmonie zu geraten. Und das ist jetzt eine Mechanik, die wirkt auch noch, wenn man älter ist. Zwar wissen Sie vom Kopf her immer, wann Sie eigentlich Ihre Meinung äußern sollten, aber da ist diese Mechanik, die in Ihrem Unterbewußtsein wirkt, diese Angst des Kleinkindes, abgewiesen und nicht geliebt zu werden.*

CORINNA »Ich möchte aber nicht behaupten, daß ich unbedingt lieb sein will.«

CORSSEN *Nein, bewußt wollen Sie auch gar nicht lieb sein. Vielleicht reagieren Sie in manchen Situationen sogar rebellisch und stellen sich gegen die Meinung aller. Aber dann gibt es wieder Momente, wo Sie sich automatisch schützen und Harmonie haben wollen. Ich rate Ihnen, daß Sie sich das jetzt erst einmal bewußt machen. Es hat nichts damit zu tun, daß Sie keinen Willen haben. Sie haben einen Willen, aber Sie haben als Kind gelernt, diesen nicht spontan zu äußern. Aus Angst vor Ablehnung.*

CORINNA »Und was soll ich machen, wenn ich wieder in so eine Situation gerate, wie zum Beispiel beim Kässpatzen-Essen mit meinen Freunden?«

CORSSEN *Dann machen Sie folgendes: Bevor Sie auf ein Fest gehen, setzen Sie sich ruhig hin, schließen die Augen und sagen sich den Satz vor »ich habe ein Recht auf meine Bedürfnisse und das Recht, mir eine Freude zu machen«. Man bekommt ja als Kind häufig von den Eltern zu hören, daß man ihnen die Freude machen soll und dies und jenes tun. Mach mir die Freude ist also gleichbedeutend mit »mach, was ich will«. Und wenn Sie sich immer wieder daran erinnern, daß Sie auch ein Recht darauf haben, sich selbst Freude zu machen, eigene Bedürfnisse zu entwickeln, selbstbewußt zu sein, dann färben Sie auf Dauer Ihr Unterbewußtsein neu. Automatisch werden Sie irgendwann sagen, es schmeckt phantastisch, aber für mich bitte ohne Zwiebeln. Mein zweiter Ratschlag ist, daß Sie ein bißchen mehr Risiko eingehen. Und zwar in ganz kleinen Schritten bei Menschen, die Sie gut kennen. Da sollten Sie mal ruhig sagen, wenn Sie dies oder das nicht mögen. Mit diesen kleinen Mutproben können Sie Schritt für Schritt Ihre tiefe Kinderangst verlernen. Das heißt: Werfen Sie sich jetzt nicht vor, daß Sie blöde sind und keinen eigenen Willen haben. Sie reagieren ganz sinnvoll, wie Sie es als Kleinkind gelernt haben, nur, jetzt müssen Sie erwachsen werden und Informationen sammeln, daß Ihnen nichts passiert, wenn Sie mal gegen den Strom schwimmen.*

CORINNA »Und wenn eben doch etwas passiert, meine Freunde abweisend reagieren?«

CORSSEN *Das Risiko müssen Sie eingehen, aber es ist sehr gering. Gerade bei Leuten, die Sie mögen. Sie fangen ja in kleinen Schritten an, sagen erst, »nein, ich mag keine Zwiebeln« und dann, »nein, ich mag keine Spätzle mit Zwiebeln«. Aber wenn Sie das Risiko einer Abweisung nicht eingehen, werden Sie viel in Ihrem Leben versäumen. Also, nehmen Sie Ihr Leben in die Hand, wagen Sie sich nach vorne, er-leben Sie.*

Ein Königreich für einen Freund

So wie jener König, der bereit gewesen wäre, seinen Besitz für ein Pferd einzutauschen, auf dessen Rücken er sich aus einer lebensbedrohlichen Situation hätte retten können, benötigt der Mensch die sozialen Bindungen.

Warum braucht man Freunde? Wissenschaftliche Untersuchungen zeigen, daß Freundschaften auch die körpereigenen Abwehrkräfte stärken, also gesund für Körper und Seele sind. Und Freunde können einem das Leben noch lebenswerter machen. Gemeinsames Erleben, Gespräche in angstfreier Umgebung und Anteilnahme oder Hilfe in Krisenzeiten schaffen ein Netz von Vertrauen und Geborgenheit. Auch bietet einem dieser Austausch mit anderen die Möglichkeit, sich selber besser kennenzulernen und sich zu entwickeln. Der gelernte Umgang mit Menschen gleicher Wellenlängen und Interessen schafft auch eine gute Voraussetzung für jene Begegnungen, die man mit dem Wort ›Liebe‹ beschreibt.

Was gefährdet Freundschaften? Wenn man einen Menschen mag und sich ihm nahe fühlt, ist es verständlich, daß man ihm Gutes will und ihn beschützen möchte. Aber gerade diese fürsorgliche Haltung und das daraus resultierende Verhalten können auch eine Freundschaft gefährden. Da eben jeder Mensch einzigartig ist und seine eigene Wahrheit hat, können wir ihm schaden, wenn wir uns in der Beurteilung seiner Situation oder mit unserer Hilfe am eigenen Wertmaßstab orientieren. Bedrohlich für eine innige Beziehung ist es auch, wenn man aus Angst, den Freund zu verletzen oder zu verlieren, mit der eigenen Meinung hinterm Berg hält. Überbeschützendes und rechthaberisches Verhalten sind also für eine Freundschaft genauso störend wie ängstliche Zurückhaltung oder diplomatische Verschwiegenheit.

Was erhält Freundschaften? Wer gleichermaßen geben und auch nehmen kann, sich also mal zurücknimmt, sich aber auch getraut, Wünsche an den anderen zu haben, erschafft ein gesundes Gleichgewicht. Wer in der zwischenmenschlichen Auseinandersetzung bei sich bleibt, also seine Gedanken und Gefühle in Ich-Aussagen ausdrückt (ich meine, möchte, fühle…) und kämpferische Du-Aussagen (du bist, mußt, darfst nicht…) vermeidet, wird leicht Freundschaften schließen und erhalten.

Einem Freund in seelischer Not kann man am besten dadurch helfen, daß man ihm nichts einredet und ausredet, ihm keine ungefragten Ratschläge gibt. Es reicht, wenn man ihm anteilnehmend zuhört, ihn in den Arm nimmt und ihm vermittelt, daß er stark und klug genug ist, sein Leben selbst zu bestimmen.

HEYNE BÜCHER PSYCHO

Die Heyne-Taschenbuchreihe „Psycho" bringt ein breites Spektrum von Themen zwischen Grundfragen der Psychologie einerseits und praktischer Lebenshilfe andererseits.

Max Lüscher
Das Harmonie-Gesetz in uns
Ein neuer Weg zu innerem Gleichgewicht und sinnerfülltem Leben

17/1 - DM 7,80

Klaus Koch / Bärbel Schwenfleger
Zu zweit am Ende
Phasen einer Trennung

17/3 - DM 7,80

Ulrich Beer
Achtung Eifersucht!
Wenn Liebe zur Qual wird
Wege aus dem Beziehungsdreieck

17/4 - DM 7,80

Shirley Eskapa
Eine Andere
Ehefrau contra Geliebte

17/5 - DM 7,80

Patrick Carnes
Zerstörerische Lust
Sex als Sucht

17/6 - DM 8,80

Dorothy Tennov
Über die romantische Liebe

17/7 - DM 9,80

Maggie Scarf
Autonomie und Nähe
Grundkonflikte in der Partnerschaft

17/9 - DM 9,80

Pauline Rose Clance
Erfolgreiche Versager
Das Hochstapler-Phänomen

17/10 - DM 9,80

1958 - 1988
30 JAHRE HEYNE-TASCHENBÜCHER

SONDERPROGRAMM JUBILÄUM

**Außergewöhnliche Bestseller –
erstmals als Heyne-Taschenbuch**

NORMAN VINCENT PEALE

Positives Denken – eine Geisteshaltung, die ungeahnte Kräfte für eine aktive Bewältigung des Lebens freisetzt. Peale verbindet die neuesten Erkenntnisse der Wissenschaft mit den ewigen Lebensgesetzen des Glaubens und des Vertrauens.

Heyne-Taschenbuch
01/7803 – DM 9,80

Wilhelm Heyne Verlag München

HEYNE BÜCHER — RATGEBER ESOTERIK

Mehr Glück und Erfolg durch das neue Lebenshilfe-Programm im Wilhelm Heyne Verlag

Sidney Petrie / Dr. Robert B. Stone – Autogenic
Das Selbsthilfe-Programm für Glück und Erfolg
08/9508 – DM 9,80

Sheila Ostrander / Lynn Schroeder – PSI-TRAINING
Das umfassende Handbuch mit praktischen Anleitungen zur Aktivierung des eigenen PSI-Potentials
08/9509 – DM 9,80

NORMAN VINCENT PEALE – Trotzdem positiv
Die Kraft Ihrer Gedanken
08/9511 – DM 9,80

HANDBUCH ESOTERIK
A–Z der alternativen Ideen, Lebensweisen und Heilkünste
08/9510 – DM 14,80

Tarthang Tulku – SELBSTHEILUNG DURCH ENTSPANNUNG
Körper- und Atemübungen, Selbstmassage und Meditationstechniken
08/9512 – DM 9,80

Denis Waitley – Der Kern unserer Kraft
Die zehn wichtigsten Entdeckungen Ihres Lebens
08/9513 – DM 9,80

Anthony Norvell – WIE MAN SEINE WÜNSCHE UND TRÄUME ERFOLGREICH VERWIRKLICHT
08/9514 – DM 9,80

Mechthild Scheffer – SELBSTHILFE DURCH BACH BLÜTENTHERAPIE
Blumen, die durch die Seele heilen
08/9517 – DM 9,80